KB203945

나를

넘어서는

성경 묵상

옥명호

나를 넘어서는 성경 묵상

이웃과 세상으로 다가서는 묵상

나를 넘어서는 묵상

나쁜 신학, 어긋난 묵상

인간적 성경 읽기

비아토르

처음의 전율을 유지하려고 애쓰는 일은 부질없습니다.
그 전율은 한 가지 조건이 갖춰질 때
거듭거듭 되살아날 것입니다.
전율에 아예 등진 채
온갖 지루함을 이겨 내며
꾸역꾸역 헤쳐 나가는 것이지요.
…
하나님이 흥미로운 면모를 전혀 보여 주시지 않을 때도
그분을 신뢰해야 합니다.
그분은 지루한 일 배후에
굳건히 버티고 계십니다.

– C. S. 루이스 –

나를 넘어 이웃과 세상을 품는 성경 묵상

독일의 순교자 디트리히 본회퍼는 《성도의 공동생활》에서 "하나님이 몸소 인간을 찾아오셨듯이 하나님의 말씀은 반드시 우리를 찾아온다"고 했습니다. 제게도 하나님의 말씀이 '찾아온'(제 편에서 '찾아왔다'고 깨달은) 순간들이 있습니다.

이십대 중반, 내적 욕망을 따르던 삶에서 돌아선 즈음이 그랬습니다. 대학 졸업 후 일 년이 지나고 막막한 심정의 취준생으로 학교도서관을 오가던 무렵의 한 날이 그러했습니다. 스물다섯 해를 함께 살아온 아내를 만나기 전 한

철이, 이제 이십대 청년으로 성장한 두 아이가 태중에 찾아오기 전 몇몇 날이 그랬습니다.

성경을 읽고 묵상하는 시간은 오늘도 계속되고 있습니다. 귀찮아서 한 주 넘게 건너뛰는 날도 있었고 건성건성 훑고 끝내는 날도 있었습니다. 밀린 과제 해치우듯 몰아치기로 주말에 일주일 치를 하기도 했습니다. 더러 말씀이 벅찬 감동으로 찾아오는 날도 있었지만, 덤덤하고 건조한 날이 지루하게 이어지기도 했습니다. 이쯤이면 짐작할 수 있듯, 저는 성경 묵상 전문 안내자나 성경 교사가 아닌 그저 평범한 생활신앙인에 지나지 않습니다. 회심 이후 이제까지 끊길 듯 끊기지 않고 여전히 묵상 시간을 지키려 애쓰는 정도에 머무는 수준이지요. 다만 C. S. 루이스가 악마 스크루테이프의 입을 빌려 얘기한 '기복의 법칙'에 지배되듯 신앙생활의 꼭짓점과 밑바닥을 거듭 오르내리면서도 성경 묵상을 중단한 적은 없는 정도랄까요.

제 주변에는 묵상을 하루 한 시간 넘게 하는 분도 적지 않고, 매일 묵상 노트를 써서 일 년 치씩 보관해 오는 분도 있습니다. 그에 비하면 저는 수련생 수준 아닌가 싶습니다. 그러니 이 책에서 신학적이고 전문적 수준의 묵상 이론이나 실제적 지침을 기대한다면 실망하실지도 모르겠습니다. 성경 묵상을 익히고 묵상 생활을 지키려 애쓰는 수련자로서 고민하고 씨름해 온 경험과 생각 조각, 그리고 읽어온 책들에서 얻은 배움과 깨달음을 나누는 정도이기 때문입니다. 따라서 여전히 저처럼 묵상 시간을 지키려 애를 써야 하는 수련생 수준의 독자라면 이 책에서 타산지석의 교훈이나 작은 도움은 얻을 수 있지 않을까 합니다.

묵상 시간에 찾아온 말씀이 영적 감동을 안겨 주는 순간이 분명 있습니다. 그런 날은 산 정상에 오른 듯 깊은 흥분에 젖어 세상만사에 감사하는 마음이 종일 이어지기도 하고 겸손히 말씀을 따라 행하기도 합니다. 그러나 별 감흥이 없거나 무미건조하게 되풀이되는 일상이 줄곧 이어지기도 합니다. 그럼에도 묵상을 중단하지 않은 건, 제 회심 과정과 신앙 형성에 크나큰 영향을 끼친 학생선교단체에서 받은 성경 묵상 훈련 덕분이 아닐까 합니다. 그만큼 그리스도인으로 자라가는 과정에서 성경 묵상은 제게 아주 중요한 정체성 가운데 하나로 자리 잡았습니다.

묵상 시간에 저는 〈시냇가에 심은 나무〉, 〈매일성경〉 같은 묵상지를 활용하기도 하고(지금은 10년 넘게 〈매일성경〉을 봅니다), 성경통독을 하는 동안에는 그날의 본문을 읽고 기도하는 시간으로 대체하기도 했습니다. 묵상이 건조해지거나 하기 싫어질 때는 오스왈드 챔버스의 《주님은 나의 최고봉》, 《C. S. 루이스, 기쁨의 하루》, 존 스토트의 《나의 사랑하는 책》, 헨리 나우웬의 《나우웬과 함께하는 아침》 같은 묵상집을 하루 치씩 읽고 끝내곤 했습니다. 일에 쫓기는 날엔 출근길 지하철이나 버스 안에서 짧은 묵상과 침묵기도로 마무리하거나, 늦은 퇴근 후 잠들기 전 잠시 짬을 내기도 했지요. 중요한 건, 어떤 방식이나 자료를 통해서건 성경 묵상을 그만두지는 않았다는 점입니다. 하루에 몇 분, 일주일에 몇 회를 하건, 그보다 중요한 건 성경 묵상이 매일 밥상을 대하듯 빼놓을 수 없는 일상이 되었다는 점입니다.

하나님의 말씀이 '찾아온' 날들을 이야기하던 중 떠오른 두 가지 경험이 있습니다. 편집장을 맡아 달라는 청을 세 번이나 거절한 잡지사에서 근무를 시작한 지 한 주가 채 지나지 않았을 때였습니다. 예상보다 더 어려운 잡지사 상황에 마음이 무거워, 이른 시각 홀로 출근하여 막막한 심정으로 그날 묵상 본문을 펼쳤습니다.

여호와께서 너희를 기뻐하시고 너희를 택하심은 너희가 다른 민족보다 수효가 많기 때문이 아니라. 너희는 오히려 모든 민족 중에 가장 적으니라(신 7:7).

IMF 사태를 겪으며 폐간 위기에서 기사회생한 잡지사는 과거보다 독자 수가 절반 정도로 줄어 있었습니다. 잡지사를 어떻게 꾸려 가야 할지 마음이 가라앉던 그 시기, 신명기 7장 7절 말씀이 저를 찾아왔습니다. 저는 이 말씀을 컴퓨터 모니터에 붙이고 다이어리 맨 앞장에도 옮겨 적었습니다. 이 말씀은 잡지사 재직 기간 내내 저를 붙들고 이끈 푯대이면서 자주 낙심에 빠지려는 저를 북돋운 응원의 깃발이었습니다.

잡지사 재직 후반기 다시 저를 찾아온 말씀 한 구절이 있습니다. 안정기를 이어 가면서 안팎으로 호평이 이어졌고, 스스로도 '이 정도면 괜찮지 않은가' 여기던 어느 날이었습니다.

그런즉 선 줄로 생각하는 자는 넘어질까 조심하라(고전 10:12).

이 한 구절이 전율을 안기며 마음 판에 새겨졌고 두려움에 몸이 떨려 왔습니다. 이 말씀으로 말미암아, 제 마음에 '신앙인으로, 직장인으로, 그리고 부모로 이만 하면 나름 잘 살고 있는 것 아닌가' 하는 생각이 틈입해 있음을 깨달았습니다. 오십대 중년기에 스스로 견고히 선standing firm 줄로 여기는 자만이 마음 중심을 잠식하고 있었던 겁니다. 사도 바울이 고린도에 거주하는 그리스도인들에게 교만과 자만을 경계하며 전한 하나님 말씀이 2,000년 세월을 건너 저를 향한 메시지로 찾아왔습니다.

이 말씀 한 구절은 스크루테이프가 신참내기 악마에게 내뱉는 말을 떠올리게 했습니다.

> 풍요로운 중년기를 보내는 인간은 '세상에서 내 자리를 찾았다'고 생각하지. 사실은 세상이 자기 속에서 자리를 찾은 것인데도 말이야. 갈수록 높아지는 명성, 넓어지는 교제권, '나는 중요인물'이라는 의식… 이것이야말로 우리가 원하는 바다.[*]

새삼 '진정한 세속성은 시간의 작품'이라던 스크루테이프의 말이 섬뜩하게 다가왔지요. 세월의 흐름, 나이 듦에 따라 스스로 안정기에 이르렀다고 여기는 인식이 위험하

모리말

[*] C. S. 루이스, 김선형 옮김, 《스크루테이프의 편지》(홍성사, 2000), 164-165쪽.

15

다는 사실을, 세상 속에서 내 자리가 든든해졌다 여길 때
실상은 세상이 내 안에 굳건히 똬리 틀고 내 사고와 의식을
잠식해 가고 있다는 사실을 생각지 못했습니다. 그렇게 '세
속성'과 자만이 저도 모르는 사이 제 안에 조금씩 영토를
확장해 나가고 있었던 겁니다.

죽비처럼 저를 내려친 고린도전서 10장 12절을 유진
피터슨은 이렇게 풀어 줍니다.

> 그러니 순진하게 속지도 말고 자만하지도 마십시오. 여러분
> 도 예외가 아닙니다. 여러분도 다른 누구처럼 쉽게 넘어질
> 수 있습니다. 자신에 대한 신뢰는 버리십시오. 그런 것은 전
> 혀 도움이 되지 않습니다. 오히려 하나님께 대한 신뢰를 기
> 르십시오.[*]

지천명의 오십대를 보내면서 스스로 견고히 서 있다
여기던 시기, 저를 찾아온 하나님의 말씀이 제 정신 줄을
팽팽히 당겨 놓았습니다. 그날 이후 새해 다이어리 맨 앞장
에 이 구절을 옮겨 적고 기도하는 시간을 가지며 한 해를

---

[*]   유진 피터슨, 김순현·윤종석·이종태 옮김, 《메시지 신약》(복있는사람, 2011),
      459쪽.

시작합니다. 이 말씀은 남은 생애 동안 수시로 교만과 자만의 보좌에 앉으려는 저를 일깨우고 끌어내리는 회초리가 되어 주지 않을까 합니다.

성경 묵상 시간Quiet Time을 변함없이 이어 오면서, 묵상 시간을 가진 하루와 건너뛴 하루가 어떻게 다른지 얼마나 큰 차이가 있는지 저로서는 둘을 구분하여 구체적으로 이야기하기가 쉽지 않습니다. 성실히 묵상을 이어 간 날이라고 하여 모든 일이 술술 풀리지도 않았고, 묵상을 하지 않은/못한 날이라고 해서 갑작스러운 문제가 생기는 것도 아니었습니다. 하루의 만족도나 성패가 성경 묵상의 유무에 달려 있다 여기지도 않습니다. 신앙의 유무에 따라 건강과 질병이 각각 달리 주어지거나 형통과 고통이 서로 뒤바뀌지 않는 것과 마찬가지입니다.

그렇다면 서른 해 동안 왜 굳이 묵상 시간을 지키려 애써 왔느냐 물을지도 모르겠습니다. 무엇보다 인간적 실수와 실패를 되풀이하고 잦은 상심을 거듭하면서도 이제까지 한 인간으로서, 그리고 신앙인으로서 제 삶의 여정이 어긋나지 않게 이어져 온 밑힘이 성경 묵상에 있다고 믿기 때문입니다. 마치 어둠의 땅 모르도르를 향해 가는 '절대반

모리를

지' 운반자 프로도의 여정처럼 수시로 다가오는 죄의 유혹과 시험 앞에서 흔들리고 비틀거리면서도 포기하지 않고 하나님 나라를 품고 앞으로 나아갈 수 있게 떠받치는 삶의 축이 되어 주기 때문입니다.

《나를 넘어서는 성경 묵상》을 쓰면서 저는 성경 묵상이 하나님과 우리 사이의 일대일 수직 관계망 안에서 이루어지는 동시에 우리가 살아가는 세상과 우리 사이의 수평 관계망을 담는 시간일 수는 없을지에 초점을 맞추려 했습니다. 제가 아는 범위에서는, 이제까지 한국 교회 내 성경 묵상은 대체로 나 한 사람의 경건과 신앙 성장에만 초점을 맞추고 이를 강조해 왔습니다. 하여 여러 의문이 들었습니다. 다양한 묵상지가 발행되고 있고 성경 읽기와 묵상을 그토록 강조하는 한국 교회가 왜 세상의 숱한 강도당한 이들에게는 무심할까? 성경 묵상을 그리도 강조하고 강권하는 교회가 왜 정작 이웃의 고통에 공감하지 못하고 우는 이들과 함께 울어 주지 못할까? 성경 통독과 필사를 운동 차원으로 벌이기까지 하는데 왜 타자와 이웃에 대한 혐오와 차별, 비난과 공격의 언어들이 교회로부터 먼저 쏟아져 나오는 걸까? 어떻게 동일한 하나님 말씀을 근거로 정반대되는 사회적 행동을 취할 수 있는 걸까?

여러 의문을 품은 채 써 나간 이 책 제목 "나를 넘어서는 성경 묵상"은 "이웃과 세상을 품는 신앙"으로 바꾸어도 좋을 터입니다. 글이 지향하는 바가 그렇기 때문입니다. 《나를 넘어서는 성경 묵상》은 2030을 위한 격월간 묵상지 〈매일성경 순〉에 연재한 글을 다듬고 보완하여 묶은 책입니다. 잡지 편집진은 "사적 방향으로 흐르는 묵상에 대한 반성과 함께 그 대안으로서 공적 읽기의 방향을 모색"하고자 한다면서, 개인의 문제나 장래 고민을 넘어 사회와 정치 같은 공공의 영역에 적용되는 개인 성경 묵상에 관해 안내하는 글을 제게 요청해 왔습니다. 사적 영역에만 갇히는 묵상의 시야를 우리가 살아가는 세상, 곧 사회와 정치 현실을 아우르는 공적 영역으로 넓혀 보자는 취지에 공감했기에, "묵상과 밥상"이라는 꼭지명으로 2015년 1·2월호부터 2018년 11·12월호까지 4년에 걸쳐 연재했고 이제 비로소 책으로 내놓습니다.

제가 나누는 이야기가 완성된 관점이나 생각을 담보하지는 않습니다. 회심 이후 여전히 그리스도인이 '되어 가는' 길 위에 선 한 순례자의 고민과 내적 씨름, 공부의 과정이 담긴 글이기 때문입니다. 그러다 보니 저 스스로 신앙의 스승이나 멘토로 삼은 이들의 글이 자주 등장하고 꾸준히 이어집니다. 그들은 제 성경 묵상과 신앙생활이 편협해지거나 사유화privatization에 빠지지 않게 이끌어 주었습니다. 그들의 신학과 그 신학을 담은 글은 제가 더디지만 올곧은 신앙의 길을 꾸준히 걸어가도록 저를 안내하는 지도가 되어 주었습니다. 그러니 이 책은 제 신앙 스승이자 멘토인 그들과 함께, 그들에 힘입어 나온 결과물이기도 합니다.

신학자 카를 바르트가 했다는 "한 손에는 성경을, 한 손에는 신문을!"이라는 말을 다시 떠올립니다. '세상사(신문)는 도외시한 채 성경만 읽는 것이 순수한 신앙'이라는 생각을 경계하는 말이겠지요. 성경을 읽고 묵상하는 신앙인이라면 신문을 통해 세상과 사회에 참여적 관심을 갖고 살아가야 한다는 것이지요. 《나를 넘어서는 성경 묵상》이 같은 지향을 담은 책으로 독자들에게 다가가고 받아들여지기를 바라는 마음 간절합니다.

지은이 없이 저절로 생겨난 글이 없듯, 편집자 없이 온전한 책이 나오기는 어렵습니다. 이 책이 조금이라도 쓰임새 있게 완성되었다면, 저마다 수고를 다해 준 이들 덕분입니다. 〈매일성경 순〉 연재 기간 중 늦어지는 원고를 인내와 온유함으로 기다려 준 성서유니온의 이용석 김우빈 김병

순 에디터, 연재기획에 참여한 천서진 에디터, 자칫 사라졌을 부족한 원고의 출판을 결정해 준 김도완 비아토르 대표와 책임편집을 맡은 이현주 편집자에게 깊은 감사를 전합니다.

아울러 독자가 없이는 책의 존재 의미가 없습니다. 연재 기간 중 제 글을 즐겨 읽어 주신 독자님들, 그리고 이제 이 책을 읽으실 독자님께도 두 손 모아 감사의 마음을 전합니다.

끝으로, 연재 이후에도 출판을 위해 원고를 거듭 고치고 다듬느라 카페에 박혀 있거나 밤늦도록 노트북에 붙들려 있던 남편을 기다려 준 아내 혜진에게 사랑을 전합니다. 연재 초반에는 십대 중반이었는데 이제는 청년이 된 사랑하는 의진 유겸, 그리고 그리스도인이 되어 가는 이 땅의 청년들에게 이 책을 바칩니다.

2022년 2월, 다시 봄을 기다리며

옥명호

1부

인간적 성경 읽기

성경과
도끼

◇ **"우리 안에 얼어붙은 바다를 쪼개는 도끼"**

책을 읽다가 머리를 한 대 맞은 듯 정신이 번쩍 나지 않는다
면, 그 책을 왜 읽는단 말인가? … 책이란 우리 안에 얼어붙은
바다를 쪼개는 도끼가 되어야 하네.[*]

"우리 안에 얼어붙은 바다를 쪼개는 도끼." 카프카의

---

[*] 유진 피터슨, 양혜원 옮김, 《이 책을 먹으라》(IVP, 2006), 31쪽에서 카프카의 말
을 재인용.

이 은유는 오래전 제게 일어난 일을 떠올리게 했습니다. 당시 저는 대학 졸업반으로 4학년 1학기 시작을 앞두고 있었습니다. 복학 후, 생각조차 못 했고 계획에도 없던 기독교 동아리 회원이 되어 한 학기를 보낸 참이었지요. 입학한 이후 일 년 넘도록 자퇴를 고민하던 제가 기독교인이 되어 졸업을 앞두고 있다니, 심경이 묘하더군요.

1987년 대학 새내기 시절 봄 축제 기간에 캠퍼스 중앙 도로에 내걸린 '5·18 광주항쟁 사진전'을 본 그 충격을 지금도 잊을 수 없습니다. 그 참혹한 사진을 한 장 한 장 응시하면서 당혹감과 충격, 분노로 숨을 쉬기조차 힘들 지경이었습니다. 그날 저는 폭음을 했고, 술자리에서 선배들에게 줄곧 물었다고 합니다. "대체, 어떻게, 어떻게 이런 일이 있을 수 있습니까?"

그럼에도 분노를 쉽사리 '짱돌'로 치환하지 못하던 저는, 어쩌다 학내 시위대에 합류하여 정문 앞 전경들에게 짱돌 하나 던지고는 '누가 다친 거 아닐까' 밤새 걱정하던 저는, 분노의 짱돌을 다른 상대를 향해 겨눴습니다. '정말로 당신이 계시다면 어떻게 이런 일이 있을 수 있습니까? 당신이 진짜 살아 계시다면, 세상이 대체 왜 이 모양 이 꼴인 겁니까?' 응답 없는 분노의 헛발질이 계속되는 가운데 고등학생 시절 처음 시작된 문화적 '교회 생활'에 쉽게 마침표를 찍었고, '신은 죽었다'고 부르대며 무신론자를 자처하곤 했습니다.

그로부터 5년 뒤, 군 복무를 마치고 제 발로 찾아간 한 기독교 동아리의 겨울수련회에서 통곡을 하며 엎드러졌습니다. 수련회 메시지는 줄곧 회개에 초점이 맞춰져 있었는데, 저는 시종일관 삐딱선을 탔습니다. '내가 왜 죄인이야? 무슨 죄를 지었다고? 군대를 동원하여 무고한 국민들을 집단으로 살상한 책임자와 협력자들이 죄인이지, 내가 왜?' 마치 누군가 시비를 걸어 주기를 기다리듯 파르라니 가시 돋친 표정을 한 채 수련회장을 뛰쳐나갈 궁리만 하던 제 모습이 아직도 생생합니다.

일주일 수련회가 후반으로 접어들 즈음이었을까요. 저녁 집회 시간에 흘러나오던 찬양.

천지를 아름답게 지으신 주여
사람을 아름답게 만드신 주여
천지를 아름답게 지으신 것처럼
사람을 아름답게 만드신 것처럼…

가사가 들려오는 순간, 성경공부 때 읽은 창세기 말씀이 갑자기 떠올랐습니다. "하나님이 지으신 그 모든 것을 보시니 보시기에 심히 좋았더라"(창 1:31).

하나님은 온 세상을, 인간을, 정말 보기에도 흡족할 정도로 '아름답게' 지으신 거구나, 인간을 포함하여 모든 피조물이 서로 사랑하고 존중하면서 '아름답게' 살아가라고 창조하신 거구나, 그런데 이 세상에 증오와 폭력과 불의, 굶주림, 관계의 깨어짐이 난무하게 된 것은 결국 그 창조의 뜻을 거스른 인간의 죄와 악함 때문이구나 하는 깨달음이 찾아왔습니다. 더불어 그 죄와 악함에서 저 자신도 결코 예외일 수 없다는 해답에 이르렀습니다.

하루가 멀다 하고 집안에 평지풍파를 일으키던, 술에 취하면 짐승이 되어 온갖 기물을 부수고 광기에 사로잡혀 식칼을 들고 설치던… 그를 향해 증오의 비수를 품고 날을 갈아 온 시간이 얼마였던가요. 초등학교 시절부터 그날까지 그 증오와 상처로 인한 쓴 뿌리가 깊어져 서리서리 원한을 키우던 제 모습이 떠올랐습니다.

"보시기에 심히 좋았더라." 하나님이 지으신 창조의 아름다움을 파괴한 건 다름 아닌 저 자신이었습니다. 서로 사랑하며 아름답게 살아가라 하신 창조의 뜻을 거스른 사람이 다른 누구도 아닌 바로 저였습니다. 제가, 죄인이었습니다!

"보시기에 심히 좋았더라." 교만과 완악함의 얼음바다를 쪼갠 도끼는 바로 창세기의 말씀이었습니다.

그로부터 두 달이 채 되지 않아 소그룹으로 모여 함께 성경을 읽고 묵상하던 날이었습니다. "너희가 순종하는 자식처럼 전에 알지 못할 때에 따르던 너희 사욕을 본받지 말고"(벧전 1:14). 전에 알지 못하던 때에 따르던 너희 사욕을 본받지 말라는 이 구절을 읽으며, '언론 고시'에 붙어서 보란 듯이 금의환향하리라는 목표를 품고 살아온 지난날들이 모두 '개인적 욕망'을 좇아 달려온 시간에 지나지 않음을 깨달았습니다. 그 어그러진 욕망의 바다를 산산이 쪼갠 제 인생의 두 번째 도끼는 바로 베드로전서 말씀이었습니다.

◇ **자아를 성경보다 존중하는 시대**

C. S. 루이스의 절친 중 한 명이자 신학자요 철학자인 오스틴 패러(Austin Farrer, 1904-1968)는, 성경 읽기를 가리켜 "단지 두뇌의 신경세포만을 사용하는 것이 아니라 우리의

생애 전체를 가지고 읽을 것을 요구하기 때문에 험난하다"
라고 했습니다. 그렇습니다. 실로 '험난하다'라는 그의 말이
참 와닿았습니다.

　　죄인 됨을 고백하고 나니, 이제 용서와 사랑의 말씀에
부딪혔습니다. "용서하라. 그리하면 너희가 용서를 받을 것
이요"(눅 6:37). 어린 시절부터 사춘기를 거쳐 청년기까지 증
오해 오던 대상을 용서하기 위해, 마음속 깊이 품어 온 비
수를 내려놓는 과정은 참 험난했습니다. 이건 '내' 일이라
고, '내' 영역이니 관여하지 마시라고 아득바득 우기고 버
티는 시간이 길어질수록 고통도 커 갔습니다. 도리가 없었
지요. 결국 용서해야 하는 그를 찾아갔습니다. 얼마 전까지
도 당신을 죽이고 싶도록 미워했노라고, 그게 하나님 보시
기에 죄인 줄 최근에 알게 되었노라고, 내가 믿게 된 예수
님이 용서하라셔서 이제 당신을 용서했노라고 고백하기까
지 힘겨운 나날이었습니다.

　　'기독교 영성의 1차 텍스트는 성경'이라고 한 영성 신
학자 유진 피터슨은, 정작 현대인들이 가장 좋아하는 텍스
트이자 최고 권위자는 '자아'인 것 같다고 지적한 바 있습
니다. 오늘날 기독교인들은 성경을 자아의 욕구나 갈망을
어루만져 주는 타로카드나 일일운세로 활용하고 있는지도

모릅니다. 이는 그야말로 성경을 자아충족을 위한 '정보'나 수단으로 축소하는 일로, "말씀하시고 우리의 말을 들으시는 살아 계신 하나님을 … 금과 은의 물신物神으로 축소"[*]하는 일이나 마찬가지가 아닐까 합니다.

유진 피터슨은 또 이렇게 썼습니다.

> 독서는 엄청난 선물이다. 단, 말이 독자에게 흡수될 때, 영혼으로 받아들여질 때, 먹고, 씹고, 물고, 느긋한 기쁨 가운데 받아들여질 때만 그렇다. 이미 오래전에 죽었거나 수천 킬로미터의 거리 혹은 수년의 세월로 분리된 인간의 말, 우리의 영혼에 생명을 불어넣기 위해서 하나님의 성령이 사용하셨고 지금도 사용하시는 그 말이 책의 지면에서 나와 우리 삶에 신선하게 그리고 정확하게 들어와 진리와 아름다움과 선함을 전달해 준다. … 모든 독서가 안고 있는 위험은 말이 선전으로 왜곡되거나 정보 즉 단순한 도구와 자료로 축소될 수 있다는 것이다. 우리는 살아 있는 목소리를 잠재우고, 말을 편리와 이익을 위해서 사용할 수 있는 것으로 축소한다.[†]

---

[*]   유진 피터슨, 《이 책을 먹으라》, 35쪽.
[†]   유진 피터슨, 《이 책을 먹으라》, 34-35쪽.

소설가 마크 트웨인은 "정말로 겁나는 것은, 내가 성경을 전혀 모른다는 게 아니라 조금 알고 있다는 사실이다"라고 말한 바 있습니다. 밥을 아예 안 먹으면 죽고, 편식하면 신체 건강의 균형을 무너뜨리는 법입니다. 삶을 이어가는 생명은 일상의 밥상에서 나옵니다. 균형 잡힌 밥상이 몸의 건강에 중요하듯, 온전하고 성숙한 신앙을 위해서는 성경을 바르게 묵상하는 일이 중요합니다. 성경 읽기와 묵상을 자아충족의 수단으로, 성경 본문을 점괘나 타로카드 뽑기 수준으로 활용하는 '나쁜 묵상'에서 벗어나야 하는 이유입니다. 그렇지 않으면 하나님과 그리스도의 이름을 내세우면서도 정작 그 이름을 욕되게 하고 짓밟는 참람한 일을 아무렇지도 않게 하게 될 것입니다.

나쁜 묵상 1
오만과 편견

◇ **나쁜 묵상은 '테러'를 낳는다?**

"하나님이 제 원고를 거기서 출판하라고 하셨거든요."

황당했습니다. 아침부터 걸려 온 전화 한 통에 편집부가 쑥대밭이 되고 말았습니다. 편집부 막내가 받은 전화기 저편에서는 잔뜩 흥분한 목소리가 터져 나오고 있었지요.

"아니, 거기 믿음의 책 내는 출판사 아닙니까? 그런데 왜 내 말을 안 믿는 거예요? 내가 기도원에서 기도하면서 말씀을 읽는데, 하나님이 분명히 ○○○ 출판사에서 책을 내라고 하셨어요. 내가 기도하고 말씀을 통해서 응답을 받았다는데, 믿음의 출판사라면서 왜 내 말을 못 믿는 겁니까? 거기 기독교 출판사 맞아요? 신앙인 맞아요?"

벌써 십수 년도 더 된 오래전 일입니다. 한 출판사 편집장으로 일하던 때였는데, 오전 업무가 막 시작되고 나서 걸려 온 전화였지요. 기도 응답을 받았다면서 막무가내로 우겨대는 그 전화를 결국 제가 넘겨받았습니다.

"무슨 말씀이신지 잘 알겠습니다. 일단 원고를 보내주십시오. 원고를 받는 대로 저희도 기도하면서 하나님의 응답을 구하겠습니다."

제 말도 그리 선선히 받아들이는 눈치가 아니더니, 결국 믿음의 출판사라는 데가 무슨 이따위냐는 식으로 전화를 끊어 버리더군요. 이렇게 말이 안 통하는 전화를 받고 나면, 당사자는 물론이고 전후좌우의 동료들도 단체로 '멘붕'에 빠지고 말지요. 모두 멍한 표정으로 편집부 테이블에 둘러앉아 그 '전화 테러' 주인공을 두고 한참 동안 도마질을 해댔습니다.

이 일이 두고두고 기억에 남아 있는 건, 그 전화를 건 주인공의 거칠 것 없던 당당함과 넘치던 자신감 때문입니다. 어떤 기도를 하고 어떻게 성경을 묵상했기에 콕 집어서

"○○○ 출판사에서 책을 내라는 응답을 받았다"는 당당한 확신에 차 있었을까, 아직도 궁금합니다. 분명한 건, 당시 그 출판사 편집장이던 저(와 제 모든 동료)에게는 하나님이 어떤 경로를 통해서도 "누군가 원고를 보낼 테니 책으로 출판해 주어라" 하고 말씀하신 바가 없다는 것입니다. 제 믿음 부족 때문인지 기억력 탓인지는 모르겠으나, 예수 믿은 지 서른 해가 넘은 지금까지 기도로든 성경 묵상으로든 저는 단 한 번도 하나님의 구체적인 '지시'나 '사인'을 받은 기억이 없습니다.

저는 그날의 전화 주인공이 자기 원하는 바를 주관적 확신으로 이미 정해 놓고 기도나 성경을 통해 어떤 식으로든 그 확신을 확증해 주는 표지나 증거를 찾으려 한 게 아니었을까 짐작할 뿐입니다. 성경 본문의 한 구절이나 표현, 단어를 자신이 원하는 것에 대한 근거로 끌어다 붙이는 '아전인수'나 '견강부회'식 적용을 했을 듯도 합니다. 이 경우가 바로 존 스토트가 말한 바, "거기에 없지만, 할 수만 있다면 거기서 발견하고 싶은 그런 것으로 곡해하여 성경을 해석하는 것"에 해당할 터입니다. 그런 사례도 성경 묵상이라 부를 수 있다면, 이야말로 지극히 자기주관적인 '오만한 묵상'이 아닐는지요.

영성신학자 유진 피터슨은 성경을 '이용'하여 자신의 물질적 이익이나 자기 합리화를 추구하는 태도를 가리켜 "부티크 영성"이라 불렀습니다.[*] 하나님을 고급 의류나 액세서리 등을 파는 부티크 매장의 매혹적인 판매 상품으로 여기는 그릇된 영적 태도라는 지적입니다.

이에 대해 김병년 목사는 《묵상과 일상》에서 이같이 말합니다.

> 기복적 자세로 성경을 읽는 이들일수록 대체로 자신의 선택과 결정을 확인시켜 주는 명확한 '시그널(신호, signal)'이나 '표지sign'를 찾기 마련이다. 말이 좋아 시그널이지, 사실상 '점괘占卦'와 다를 바가 없다. 그러나 성경은 우리에게 점괘 같은 시그널이나 표지를 보여 주지 않는다. '안내자guide'를 소개할 뿐이다. 그래서 성경대로 사는 삶은 언제나 '안내자'와의 친밀한 관계를 요구한다.[†]

[*]   유진 피터슨, 박성혁 옮김, 《사무엘서 강해》(아바서원, 2013), 14쪽.
[†]   김병년, 《묵상과 일상》(성서유니온선교회, 2017), 29-30쪽.

◇ **'오만과 편견'에 갇힌 성경 묵상**

이제 200여 년 전 영국에서 출간된 당시 베스트셀러 이야기를 하고자 합니다. 1813년에 출간된 《오만과 편견》이라는 소설로, 2003년 '영국인이 가장 사랑한 책' 투표에서 《반지의 제왕》에 이어 2위에 오른 작품입니다. 당시 교구 목사의 딸인 제인 오스틴이 당대 결혼 적령기 남녀의 내면 심리를 섬세하게 그려 낸 이 소설은, 키이라 나이틀리가 열연한 같은 제목의 영화로도 제작되어 많은 호평을 받았지요.

소설은 다아시와 엘리자베스를 중심으로 펼쳐집니다. 귀족 가문의 외아들로서 어릴 적부터 오만한 성격을 갖고 자라난 다아시와, 견고한 자존심만큼이나 단단한 편견으로 사람을 바라보고 판단하는 엘리자베스는 각각 '오만'과 '편견'을 대표하는 인물로 읽힙니다. 이미 감 잡으셨겠지만, 다아시와 엘리자베스는 속으로 서로 좋은 감정을 품고 있었습니다. 그러나 다아시의 오만은 엘리자베스의 자존심에 생채기를 내어 관계의 단절을 자초하고, 엘리자베스의 편견은 다아시의 속사람이 지닌 친절과 배려, 따스함을 보지 못하게 눈을 가립니다. 결국 두 사람의 오만과 편견은 계속되는 갈등과 충돌의 부정적 시너지를 일으켜 서로의 진면

목을 보지 못하게 만들어 버립니다.

'갑자기 웬 문학작품 해설?' 하며 의아해하실지도 모르겠군요. 이 소설의 두 주인공이 타자 혹은 외부 세계와 관계 맺는 방식이 우리가 성경을 대하는 태도에도 고스란히 나타난다는 게 저의 생각입니다. 성경 읽기와 묵상 또한 '말씀과의 관계 맺기'일진대, 이 과정에 알게 모르게 개입하는 우리의 '오만과 편견'도 가벼이 지나칠 문제는 아니라는 얘기입니다. 오만이 단절을 낳고 편견이 시야를 가리는 일이 어찌 200년 전의 소설 속에서만 일어나는 일이겠습니까?

'개신교계의 교황'으로 일컫던 복음주의 지도자 존 스토트는 "순종이 성경을 이해하는 전제 조건"이라면서 오만한 성경 읽기에 대해 이렇게 말합니다.

> 우리는 때로 건방지게 성경을 판단하는 것을 회개해야 하며, 그 대신에 성경의 판단 아래 겸손히 앉아 배울 수 있어야 한다. 만일 우리가 마음을 결정한 상태로 성경에 와서, 성경으로부터 자신의 생각의 반영만을 듣기 원하고 하나님의 천둥 같은 음성은 전혀 들으려 하지 않는다면, 하나님은 우리에게 말씀하시지

않을 것이며, 우리는 자신의 편견만을 확인받게 될 것이다.[*]

그는 객관적이고 편견 없이 성경을 대할 수 있다는 환상을 내려놔야 한다고 말합니다. 아울러 우리 내면에 문화적 편견이 있다는 사실을 인식해야 한다고 강조합니다.

우리가 순진하고 객관적이며 편견이 없고 문화에 속박되지 않은 연구자로 성경 본문에 다가갈 수 있다는 환상을 포기하는 일은 매우 중요하다. 우리는 결코 그렇지 못하다. … 우리의 마음은 문화적 편견들로 가득 차 있다. 그러므로 우리가 받은 문화적 유산을 완전히 제거할 수는 없다 해도, 문화적 편견을 갖고 있다는 사실만은 인식해야 한다.[†]

◇ **'나의 나라' 뒤집기**

우리는 자신의 오만과 편견이 말씀 읽기와 이해, 그리고 적용 과정에서 조작과 왜곡을 낳지 않도록 늘 경계해야

[*] 존 스토트, 정옥배 옮김, 《진정한 기독교》(IVP, 1997), 133쪽.
[†] 존 스토트, 《진정한 기독교》, 136쪽.

합니다. 성령의 간섭과 도우심을 구하며 마음을 비우고虛心 읽어야 하는 이유가 여기 있습니다. 자아도취나 자기중심적 관점은 성경을 자신의 편리와 이익을 위한 도구로 전락시킬 위험이 있으며, 누구도 이 위험에서 안전하다 할 수 없을 것입니다. 개인적 필요와 목적, 선호를 앞세워 성경 본문에 다가가는 태도가 바로 그러하겠지요. 영국의 신학자이자 목회자인 마이크 보몬트가 이에 대해 잘 얘기했습니다.

> 성경은 철학적 원리나 종교적 격언을 주먹구구식으로 모아 놓은 책이 아니라 역사를 통해 계시된 이야기다. 이것은 성경을 평면적으로, 곧 우리 목적에 맞게 아무 구절이나 골라 읽을 수 없다는 뜻이다.[†]

그러기에 무엇보다 "묵상은 … 나의 나라를 전복한다"는 박대영 목사의 글에 저는 깊이 공감합니다.[§] 왜냐하면 "묵상은 우리가 성경을 사용하여 나의 왕국을 이루는 것이 아니라, 하나님이 성경을 사용하여 우리를 … 당신의

[†]   마이크 보몬트, 홍종락 옮김,《올 댓 바이블》(복있는사람, 2013), 19쪽.
[§]   박대영,《묵상의 여정》(성서유니온선교회, 2013), 72쪽.

나라로 이끄시게 하는 일"이기 때문입니다.[*]

성경을 읽고 묵상하면서 하나님이 들려주시려는 말씀에 귀 기울이기보다 자신이 뜻하는 바를 얻고자 하는 마음가짐은 오만입니다. 그렇게 자신의 바람과 필요를 떠받치고 정당화하는 성경 구절을 찾아 묵상한다 한들, 그 귀결은 결국 그릇된 '나의 나라'에 이를 뿐입니다. 우리 자신의 오래된 편견이나 자아중심적 오만이 성경 읽기와 묵상 과정에 틈타지 않게끔 늘 경계해야 하는 이유가 여기에 있습니다. 성경 묵상이 하나님과 무관하게 나의 나라를 강화하는 도구로 전락하지 않고, 하나님과의 관계를 복돋고 하나님의 나라(다스림)를 추구하는 통로가 되려면 말이지요.

[*]   박대영, 《묵상의 여정》, 78쪽.

거룩한 책,
인간적 읽기

◇ **혼돈에서 안돈으로 이끈 한 줄**

　　매월 200쪽 가까운 분량의 잡지를 기획하고 편집하여 펴내는 일을 8년 반 동안 이어 왔습니다. 십수 년을 출판사 편집자로 일했던 이력을 감안한다면 이쯤이야 거뜬히, 가볍게 해낼 법도 합니다. 그러나 현실은 그렇지 않다는 게 늘 문제입니다. 단행본 만드는 일에 견줘 잡지를 펴내는 일이 리듬도 빠르고 호흡이 짧다 해도, 그 정도의 이력과 기간이 몸에 뱄으면 가뿐히 해낼 만도 한데 말이죠.

41

이번 달은 좀 수월한가 싶다가도 한순간 일이 꼬이거나 어긋나기 시작하면 조바심에 스트레스 지수가 치솟고 목덜미가 뻣뻣해집니다. 최소 한 주간을 집중적으로 잡지 내용과 완성도, 일정에 대한 부담을 안고 씨름하다 보면 마감 직전의 피로도는 최고조에 이릅니다. 게다가 마감 주간에는 늘 급하고 중요한 일이 겹쳐 생기곤 합니다. (이게 서툰 일정 관리 탓인지 어떤 법칙에 따른 결과인지 알 수 없지만, 분명한 건 실제로 그래 왔다는 점입니다.)

언젠가도 인쇄를 하루 앞둔 시점에서 자정 넘어 새벽 2-3시까지 최종 데이터를 화면으로 확인하고 점검하는 '화면 교정'을 진행하고 나서, 다른 잡지에 보내야 하는 연재 원고를 붙들고 막바지 씨름을 했습니다. 당초 계산(과 예상)대로라면 '화면 교정'은 전날 퇴근 시간 즈음 이미 끝났어야 했으며, 써야 하는 연재글은 자정 전에 퇴고를 마쳐 그쪽 편집부에 넘겼어야 했습니다. 하지만 그러지 못해 이렇듯 일정이 밀리고 얼크러지면 중심축이 안정되지 않아 요동치는 팽이처럼 마구 뒤뚱대기 시작합니다.

급하고도 중요한 다른 일이 턱밑까지 추격해 오는데도, 이미 떠나 보냈어야 하는 일이 아직도 들러붙어 떨어지지 않으면 속이 타는 한편 슬슬 화가 납니다. 머리는 무거워지고(실제로 두통이 따릅니다), 시야는 좁아지며(평소보다 더 자기중심적이 됩니다), 마음은 조급해져서(괜히 서둘기만 하지 방향을 못 잡아 일에 진척이 없습니다) 내적 평안이라고는 눈을 씻고 찾으려야 찾을 길이 없는 지경이 됩니다. 이쯤 되면 '오늘의 말씀' 묵상은 진즉에 '패쓰!'해 버린 지 오랩니다.

그렇게 뭐 마려운 강아지마냥 오종종 설레발치며 이 책 저 책 참고자료를 뒤적이다가 예기치 않은 성구를 만났습니다.

> 너희는 귀를 기울이고, 나에게 와서 들어라. 그러면 너희 영혼이 살 것이다.
> Give ear and come to me; hear me, that your soul may live.
>
> (사 55:3, 새번역/NIV)

한 줄의 텍스트가 뇌리를 치며 가슴을 파고듭니다. 이 한 구절의 말씀은 귀를 기울여 좇아야 할 대상이 누구인지 알려 줍니다. 예언자 이사야가 전하는 말씀은 저를 자책감과 불안, 죄책감으로 몰아붙이는 폭군 같은 '내적 조급증'에 귀 기울이지 말라는 나무람으로 다가왔습니다. 오직 "들어라, 내게 들어라"(사 55:2) 하십니다.

이 한 줄의 문장이, 이 짧은 텍스트가 마치 허방을 짚고 쓰러질 것 같던 저를 바로 세워 다시금 안돈케 합니다. 갈피를 못 잡던 제 원고의 향방을 찾게 합니다.

◇ **인간의 문자, 하나님의 텍스트**

당연한 말이겠으나, 이처럼 저를 하나님께로 나아가고 귀 기울이게 하는 건 성경입니다. 30여 년의 신앙생활 동안 저는 요셉처럼 꿈으로 하나님이 들려주시는 메시지를 들은 적이 단 한 번도 없습니다. 늘 기억도 잘 안 나는 엉뚱한 꿈만 꾸는지라 '개꿈'쟁이에 가깝습니다. 하물며 하나님의 직접적인 '음성voice'이겠습니까! 성경에 이른 대로 그저 누구라도 하나님의 음성을 듣는다면 살아남지 못할 것이기에(신 4:33 참조), 제게도 들려주시지 않는 게 아닐까 여길 따름입니다.

그리스도인이라면 누구나 그러할 테지만, 제가 하나님께 귀 기울이는 데 가장 중요한 수단은 성경과 기도입니다. 이 가운데 특별히 성경은 하나님의 영감이 깃든 '텍스트'입니다. '문자'로 이루어졌기에, 필연적으로 '개념'과 '의미'를 담고 있으며 '읽기'를 요청하고 '소통'을 지향합니다. 문자는 어떤 사물이나 개념, 대상 그 자체가 아니라, 그것들을 나타내고 가리키는 "타자성의 표지"(강영안)입니다. 그렇기에 늘 틀리게 읽거나(誤讀, misreading) 잘못 이해하고 해석(曲解, misunderstanding)할 위험이 있기 마련입니다. 따라서 하나님의 거룩한 책(Holy Bible, '바이블'은 책을 뜻하는 그리스어 '비블리아*biblia*'에서 나온 말입니다)이면서 인간의 문자로 기록된 성경을 구절구절 바르게 읽고 이해하려면 올바른 읽기와 같은 '인간적 차원'을 고려하지 않을 수 없습니다.

하나님의 책인 성경을 두고 독서법이나 인간적 차원을 들먹인다 하여 성경의 신적 권위를 부정한다 생각지는 말아 주시기 바랍니다. 신약학자인 권연경 숭실대 기독교학과 교수는 이렇게 말합니다.

성경의 인간적 차원을 진지하게 고려하는 것은 성경의 신적 권위를 부정하는 것이 아니다. 태초부터 계셨던 말씀이 사람이 되신 하나님이었던 것처럼, 성경이라는 인간의 글들은 오늘 우리에게 하나님의 말씀으로 고백되고 읽힌다. 그리스도처럼 성경 역시 신성(하나님의 말씀)과 인성(사람의 글)을 함께

갖고 있다.[*]

이렇듯 성경은 인간의 문자와 글로 이뤄진 텍스트이기에 바르게 읽어 내기 위한 '인간적 차원의 노력'이 당연히 필요하다는 게 제 생각입니다. 성경을 읽고 묵상하는 과정에서도 특정 단어나 구절을 이해하기 위해 국어사전이나 성경사전 같은 참고서를 찾을 필요가 있다는 얘기입니다. 다른 번역본 성경에서는 그 단어나 구절을 우리말로 어떻게 옮겼는지 살피며 견주어 읽는 것도 중요합니다. (성경의 '번역' 과정에서 '인간적' 오류가 개입될 여지가 없지 않기에, 어느 단체처럼 특정 번역본만을 유일한 참 성경이라고 주장하면서 권위를 부여하고 추종하는 태도는 몹시 위험해 보입니다.)

물론 성경은 문자를 초월하는, '문자 너머'를 담고 있는 텍스트이기에 인간적 노력을 넘어서는 성령의 도우심 없이는 온전한 성경 읽기에 이르지 못할 것입니다. 성경이 '하나님의 말씀'일진대, 과연 문자 아래서 살아가는 한낱 피조물인 우리가 그 말씀에 담긴 그분의 생각과 마음을 어찌 온전히 헤아리거나 이해할 수 있을까요. 예언자 이사야

---

[*]   권연경, 《네가 읽는 것을 깨닫느뇨?》(SFC출판부, 2008), 19쪽.

가 전한 말씀이 이를 잘 알려 주고 있지 않은지요.

> 나의 생각은 너희의 생각과 다르며, 너희의 길은 나의 길과
> 다르다. … 하늘이 땅보다 높듯이, 나의 길은 너희의 길보다
> 높으며, 나의 생각은 너희의 생각보다 높다.
>
> For my thoughts are not your thoughts, neither are your ways my
> ways, … As the heavens are higher than the earth, so are my ways
> higher than your ways and my thoughts than your thoughts.
>
> **(사 55:8-9, 새번역/NIV)**

성경의 신성, 성경의 권위를 인정하고 고백하는 신자로서, 정작 하나님의 생각thoughts이 담긴 문자와 글로 이뤄진 '텍스트'를 '인간적 차원'에서 바르게 읽고 이해하고자 '애쓰는' 게 잘못일는지요. 오히려 인간적 읽기의 노력을 기울이지 않는 태도야말로, 성경의 권위를 부인하고 말씀에 불순종하는 결과로 이어지지 않을는지요.

> 아무리 많이 읽어도 성경의 생각을 이해하고 깨닫지 못한다
> 면 복음의 세계로 들어갈 수 없다(**행 8:26-40**). 중요한 것은 무작
> 정 읽는 것이 아니라 이해하는 것이다. 그리고 우리의 깨달음

은 순종으로 나아간다. 깨닫지 못한 말씀을 순종한다는 건 어불성설일 것이다.[*]

C. S. 루이스는 성경을 구성하는 원재료들에서는 순진한 무지와 오류, 모순, 심지어 악독 같은 인간적 특성이 두루 발견된다고 말합니다. 그는 이러한 특성까지 담긴 최종 결과물로서 하나님 말씀을 실어 나르는 성경은 '우리가 가진 나름의 지성과 학식도 활용해 가며' 귀 기울이고 배워야 한다고 강조합니다.[†] 루이스의 말을 따르더라도, 인간의 문자와 언어로 기록된 성경 텍스트를 인간적 차원에서 바르게 읽는 일은 매우 중요합니다. 바르게 읽어야 옳은 깨달음에 이를 수 있기 때문입니다.

[*]   권연경, 《네가 읽는 것을 깨닫느뇨?》, 103쪽.
[†]   C. S. 루이스, 이종태 옮김, 《시편사색》(홍성사, 2019), 158-159쪽 참조.

나쁜 묵상 2

오독과 곡해

◇ **'인간의 언어'로 기록된 성경**

　음악가 바흐의 출생지인 독일 아이제나흐에 가면, 유네스코 세계문화유산으로 선정된 바르트부르크성이 있습니다. 교황의 체포령을 피해 도피 중이던 마르틴 루터가 요르크 Jörg라는 이름의 기사로 위장하여 10개월간 숨어 지낸 곳으로도 유명하지요. 성안에는 도망자 신세의 루터가 숨어서 생활하던 '루터의 방'이 보존되어 있습니다. 일인용 침대가 놓인 비좁은 방과 2-3평 남짓한 작업실로 나뉜 그 방에서 루터는 단 12주 만에 그리스어 신약성경을 당시 평민들의 언어인 독일어로 번역해 냈지요.

십수 년 전 관광객들과 현지 중고생들에 섞여 성 곳곳을 둘러보고 있는데, 안내 직원이 한 말에 여기저기서 웃음소리가 들려왔습니다.

"여러분은 독일어로 된 신약성경을 다 읽는 데 얼마나 걸리나요? 3개월? 6개월? 아니면 일 년이면 충분한가요? 네, 쉽지 않은 일이죠. 그런데 루터는 그리스어 성경을 불과 세 달 만에 독일어로 번역해 냈답니다."

'루터의 방' 벽에는 거무죽죽한 얼룩이 남아 있었는데, 잉크병이 깨지면서 잉크가 벽을 타고 흘러내린 자국이라는 게 안내자의 설명이었습니다. 성경 번역 과정에서 영적 싸움을 치열하게 겪던 루터가 견디다 못해 사탄을 향해 잉크병을 집어 던졌다는 얘기였습니다.

당시 일반 평민과 하층민들에게는 그림의 떡이던 성경을 평민의 언어로 번역한 루터의 성경 번역은 독일어의 통일에도 크게 기여했다고 합니다. 1522년 9월에 출판되어 '9월 성경September Testament'으로 불리는 루터역 성경은 초판 3,000부가 빠른 속도로 팔려 나가 12월에 1,500부를 추가 인쇄하고 1524년까지 66쇄를 찍을 정도로 인기를 끌었

습니다.[*]

글머리에서 루터의 성경 '번역' 이야기를 조금 길게 풀어놓는 이유는, 성경이 인간의 '언어(문자)'로 이루어진 텍스트라는 점을 강조하고자 함입니다. 하나님의 '살아 있는 말씀Logos'이 '문자'의 몸을 입은 것이 성경입니다. 하여 프랑스 철학자 에마뉘엘 레비나스는 성경을 가리켜 "문자로 새겨진 하나님"이라고 했다지요. 또한 레비나스는 "인간은 책으로 향하는 존재"라고 했는데, 이 말에는 "책 없이 인간은 인간으로 살 수 없다는 주장"이 담겨 있습니다. 그가 말하는 '책'은 곧 책 중의 책인 성경을 가리킵니다.[†]

성경은 문자의 몸을 입었기에 읽는 이에 의해 그릇 읽히거나, 비뚤어진 이해를 낳을 수 있습니다. 문자로 된 텍스트는 온전한 읽기와 이해를 위한 독법을 요구합니다. 거룩한 텍스트인 성경도 문자로 기록되었기에 예외일 수 없습니다.

성령으로 영감을 받은 저자들은 평범한 인간의 언어를 사용

[*]   Martin Treu, *Martin Luther in Wittenberg* (Wittenberg: Luther Memorial Foundation, 2003), pp. 53-55 참조.

[†]   강영안, 《인간의 얼굴을 가진 지식》(소나무, 2002), 182쪽 참조.

하여 성경을 기록했으므로, 성경 언어는 언어의 일반 법칙으로 이해해야 한다. 이 법칙 중 일부는 성경 자체에서 강조되기 때문에 더욱 그렇다.[*]

이를 단순화해서 말하자면, 성경을 읽고 이해하는 데는 '국어 실력'이 문제가 될 수도 있다는 의미입니다. 성경 묵상에서는 '묵상'보다 '읽기'가 선행합니다. 수도원 전통의 성경 독법으로 알려진 '렉티오 디비나(*Lectio Divina*, Divine Reading)'에서도 읽기*lectio*가 묵상하기*meditatio*에 앞섭니다. (성경) 본문을 읽지 않는 (성경) 묵상이 가능하기나 한 걸까요. 읽기부터 어긋나기 시작하면 자기도 모르는 새 묵상은 샛길로 가다가, 적용에 이르러서는 어느덧 진창에 빠져 있을지도 모를 일입니다.

◇ **문맥 살펴 읽기**

텍스트에 대한 오독과 곡해를 피하려면, 무엇보다 문

---

[*] 노턴 스테레트 · 리처드 슐츠, 이진경 옮김, 《성경해석의 원리》(성서유니온선교회, 2015), 36쪽.

맥context을 살펴서 읽는 게 중요합니다. 문맥은 어떤 단어나 표현, 문장이 속한 단락을 뜻하는데, 해당 단락뿐 아니라 앞뒤 단락을 함께 읽으면서 그 본문이 말하려는 바를 살펴야 하는 경우도 있습니다. 그렇지 않으면 읽기와 묵상, 기도와 적용은 뻘구덩이로 빠져 버리거나 낭떠러지로 떨어질지도 모릅니다.

문맥을 살피지 않음으로써 그릇 이해한 대표 사례는 흥미롭게도 예수님의 제자들에게서 찾아볼 수 있습니다. 마태복음 15장에는 예수께서 갈릴리 호숫가에서 '빵(떡) 일곱 개와 작은 생선 두어 마리'로 4,000명 넘게 먹인 뒤 제자들과 함께 배를 타고 호수를 건너가시는 이야기가 나옵니다. 여기서 예수님과 제자들이 나누는 대화가 흥미롭습니다.

제자들이 건너편에 이르렀는데, 그들은 빵을 가져오는 것을 잊었다. 예수께서 그들에게 말씀하셨다. "너희는 바리새파 사람들과 사두개파 사람들의 누룩을 주의하고 경계하여라." 그들은 서로 수군거리며 말하였다. "우리가 빵을 가져오지 않았구나!"
예수께서 이것을 아시고 말씀하셨다. … "내가 빵을 두고 너희에게 말한 것이 아님을, 너희는 어찌하여 깨닫지 못하느냐?" … 그제서야 그들은, 빵의 누룩이 아니라, 바리새파 사람들과 사두개파 사람들의 가르침을 경계하라고 하시는 말씀인 줄을 깨달았다(마 16:5-8, 11-12, 새번역).

제자들은 '누룩을 경계하라'는 예수님 말씀을 '문자 그대로'(빵의 누룩) 받아들임으로써 정작 누룩이 '의미하는 바'(바리새인·사두개인의 가르침)는 전혀 깨닫지 못했습니다. 이렇듯 특정 단어나 표현 자체에 매몰되어 문맥을 살피지 못하면, 텍스트를 읽고 나서도 본문이 말하는 바를 엉뚱하게 곡해하는 잘못을 범하게 됩니다.

마가복음 9장을 보면 예수께서 제자들에게 충격적인 말씀을 하십니다.

네 손이 너를 죄짓게 하거든, 그것을 찍어 버려라. … 네 발이 너를 죄짓게 하거든, 그것을 찍어 버려라. … 또 네 눈이 너를 죄짓게 하거든, 그것을 빼어 버려라. 네가 두 눈을 가지고 지옥에 들어가는 것보다, 차라리 한 눈으로 하나님의 나라에 들어가는 것이 낫다(막 9:43, 45, 47, 새번역).

이 구절을 읽고 묵상하는 과정에서 예수님이 친히 하

신 말씀이니 순종해야 한다면서 '문자 그대로' 적용하려 든다면, 이는 실로 '어마무시'한 결과로 이어지지 않을까요. 이 말씀은 '죄의 심각성과 치명적인 결과'를 강조하는 일종의 생생한 과장법입니다.[*] 이렇듯 텍스트를 읽고 받아들일 때 '문맥'을 살펴서 읽는 일은 중요합니다.

오랫동안 한국 교회에서 잘못 읽고 그릇 적용한 대표적인 성경 구절이 있습니다. 식당이나 가게 같은 개인 사업장이나 사무실을 가면 자주 만나게 되는 성구액자 속 구절입니다.

네 시작은 미약하였으나 네 나중은 심히 창대하리라 (욥 8:7).

이는 욥의 세 친구 중 하나인 빌닷이 욥의 상황을 이른바 '인과응보 신학'으로 판단하면서 덧붙인 말입니다. 하나님이 의인에게 주는 상이 번영이고 악인에게 내리는 벌이 고난이기에, 욥이 악을 버리고 의롭게 산다면 하나님이 다시 그를 돌보시고 큰 번영을 주실 거라는 얘기입니다. 출발선에 선 이를 격려하고 축복하는 말이 아닌 것이지요.

[*] 존 맥아더, 황영철·전의우·김진선·송동민 옮김, 《맥아더 성경 주석》(아바서원, 2015), 949쪽 참조.

'문맥을 무시하면' 이 말이 나름의 은혜(?)를 준다는 게 함정입니다. 이 구절은 신앙 없는 이들 사이에서도 앞날의 번영을 기원하는 글귀로 쓰일 정도입니다. 막 개업을 했거나 창업을 한 이들은 누구랄 것 없이 '창대(昌大, 크게 번창)'해지고 싶은 바람이 간절합니다. 하여 이른바 '개업(창업) 예배'에서 이 구절만 따로 떼어 내 설교하고 복을 빌거나, 이 구절을 자기 바람에 대한 하나님의 '응답'으로 받아들이는 건 진정 크게 오해하는 일이 아닐 수 없습니다.

◇ **단어에서 비롯되는 오독과 곡해**

텍스트를 오독하고 곡해하는 문제는 문맥뿐 아니라 '단어' 하나에서 비롯되기도 합니다. 본문에 나온 단어의 의미를 잘못 읽어 들이면, 묵상과 적용이 뻘구덩이에 빠지거나 낭떠러지로 떨어지는 일이 생겨납니다.

기독교인들이 가장 자주 접하는 성경 본문 중 하나가 바로 시편 23편이 아닌가 싶습니다. 시편은 제 신앙 여정에서도 중요한 텍스트입니다. 뇌졸중으로 쓰러지신 어머니를 후송하는 구급차 안에서, 응급실에서, 기나긴 수술 중에도 끊임없이 되뇌고 기도로 올려 드린 본문이 바로 시편 23편입니다. 혼수상태로 누워 계신 어머니를 앞에 두고 "내가 사망의 음침한 골짜기로 다닐지라도…"를 읊조릴 때는 오한과 함께 한참 동안 몸이 떨려 오던 기억이 생생합니다.

상당수 기독교인들이 바로 그 시편 23편 5절에 언급된 (저를 포함한) '하나님이 베푸시는 상'을 '밥상table'이 아닌 '포상prize'으로 오독하는 경우가 잦았습니다. 한자가 병기된 성경을 읽었거나('賞'이 아니라 '床') 영어성경을 함께 읽었다면, 아니면 다른 번역본을 읽었다면("잔칫상", 새번역) 그런 일은 결코 일어나지 않았겠지요.

예비 목회자들조차 예외가 아니었던 모양입니다. 오경준 목사의 《우리가 알고 있는 것들, 성경에는 없다》를 보면, 지은이가 신학생 시절 기숙사 학우들과 함께 '천국의 상급 제도'를 두고 논쟁을 벌인 이야기가 나옵니다. 한쪽은 천국에서까지 상의 등급을 각기 다르게 준다면 그게 무슨 천국이냐며 목소리를 높이고, 다른 쪽은 성경에 하나님이 상을 주신다는 내용이 나오니까 당연히 상의 등급이 있다고 주장합니다. 이 일 이후 지은이는 영어성경을 읽다가 자신이 시편 23편 5절을 오독했음을 깨닫습니다. 그리고 나중에 목회 현장에서 시편 23편 5절의 '상'이 '밥상'을 의미한다고 전하자 많은 교우들이 당황스러워했답니다.*

이 구절을 근거로 하나님은 상장을 수여하시며 모든 상에는 대상과 금·은·동상의 등급이 있으니 기왕이면 더 열심히 신앙생활을 하여 하나님이 주시는 '대상'을 받는 신 앙인이 되자고 독려하는 설교가 과연 없었을까요? 현재의 상황이 마치 어둑한 사망의 골짜기 같을지라도 꿋꿋이 하 나님께 나아가자고, 그러면 하나님이 크게 포상하고 복 주 실 거라고 마음을 다독이는 적용은 또 없었을까요? 과정이 야 어떻든 나름의 은혜를 받았다면 문제될 게 없지 않으냐 반문하면, 더 할 말은 없습니다. 이미 하나님이 '개인의 공 적과 행위에 따라 인간을 차별하시는 분'으로 왜곡되어 버 린 마당에 무슨 말을 더 할 수 있겠는지요.

어문 법칙과 문학적 수사에 통달하면 성경의 구절과 내용을 제대로 읽어 내고 온전히 이해할 수 있다는 말이 결 코 아닙니다. 그럴 수는 없지요. 우리는 그저 "진리의 성령" 께서 우리를 "모든 진리 가운데로 인도"해 주시기를 간구 하며 말씀 앞에 겸손히 나아갈 따름입니다(요 16:13). 다만, 그 와 더불어 우리가 텍스트에 대한 오독과 곡해에 빠지지 않

---

* 오경준, 《우리가 알고 있는 것들, 성경에는 없다》(홍성사, 2004), 140-141쪽 참조.

을 성실한 '독자'로 구비되어야 하겠습니다. 이를 위해 평소 읽기(독서) 습관을 몸에 익히고 길들일 필요가 있습니다. 그로써 "문자로 새겨진 하나님"(E. 레비나스)인 성경에 더 가까이 다가가는 '거룩한 독서'의 기본기가 다져질 터입니다.

예기치 못한 묵상과
제자의 조건

미처 생각지 못한 상황에서 한참 동안 말씀을 묵상하는 경우가 간혹 있습니다. 그날도 그랬습니다. 여느 날과 다를 바 없이, 잠자리에 누운 아이들에게 먼저 성경을 읽어 주고 소설책 낭독으로 넘어가려 했지요. 그런데 읽어 주던 성경 본문에서 망치로 얻어맞은 듯한 충격을 느껴 잠시 멍하게 있었습니다. 벌써 여러 해가 지났는데도 여전히 그날 밤에 있었던 일이 느낌마저 생생하게 되살아납니다. 그 일을 톺아 보자니 부득이 사사로운 이야기를 짧게라도 언급할 수밖에 없을 듯합니다.

◇ '예기치 못한' 요한복음 8장

밤마다 잠자리에서 아이들에게 10년 넘게 책을 읽어 주었습니다. 둘째가 네 살, 첫째가 일곱 살 때부터였는데, 둘 다 각각 열아홉이 되기 전 비로소 '잠자리 책읽기'는 막을 내렸습니다. 처음 시작은 그림 성경이었는데 어느 날부턴가 동화책으로 넘어갔고, 다시 분량이 두꺼운 청소년 고전문학 등으로 아이들의 성장에 맞춰 계속 책이 바뀌었습니다. 큰아이가 중학생이 되고부터는 책을 두 종류로 정해 전반부는 새번역 성경을, 후반부는 (주로) 문학서를 읽어 주었지요. (십수 년에 걸친 이 잠자리 낭독 이야기는 저의 책 《아빠가 책을 읽어줄 때 생기는 일들》에 자세히 풀어냈습니다.)

그렇게 책을 읽어 주던 어느 날, 그날 밤 순서인 요한복음 8장을 읽다가 충격을 받았던 겁니다. 예수께서 자칭 "아브라함의 자손"이자 "한 분이신 하나님 아버지"를 믿는다는 유대인들에게 하신 말씀 때문이었습니다. 자주 읽고 접하던 본문이라 별 생각 없이 읽다가 그날따라 새롭게 다가오면서 충격을 안겼습니다. 후반부의 소설 낭독까지 마저 끝내고 '굿나잇 인사'를 나눈 뒤, 앞서 읽어 주던 성경 본문을 펴서 혼자 다시 읽기 시작했습니다.

예수님과 유대인들 사이에 주고받은 대화지문만 따로 떼어 내어 읽으면 내용이 훨씬 더 생생하게 다가옵니다.

"너희가 나의 말에 머물러 있으면, 너희는 참으로 나의 제자들이다. 그리고 너희는 진리를 알게 될 것이며, 진리가 너희를 자유롭게 할 것이다."

"우리는 아브라함의 자손이라 아무에게도 종노릇한 일이 없는데, 당신은 어찌하여 우리가 자유롭게 될 것이라고 말합니까?"

"내가 진정으로 진정으로 너희에게 말한다. 죄를 짓는 사람은 다 죄의 종이다. … 나는 너희가 아브라함의 자손임을 안다. 그런데 너희는 나를 죽이려고 한다. **내 말이 너희 속에 있을 자리가 없기 때문이다.** 나는 나의 아버지에게서 본 것을 말하고, 너희는 너희의 아비에게서 들은 것을 행한다."

"우리 조상은 아브라함이오"

"너희가 아브라함의 자녀라면, 아브라함이 한 일을 하였을 것이다. 그러나 지금 너희는, 너희에게 하나님에게서 들은 진리를 말해 준 사람인 나를 죽이려고 한다. 아브라함은 이런 일을 하지 않았다. 너희는 너희 아비가 한 일을 하고 있다."

"우리는 음행으로 태어나지 않았으며, 우리에게는 하나님이

신 아버지만 한 분 계십니다."

"하나님이 너희의 아버지라면, 너희가 나를 사랑할 것이다. 그것은, 내가 하나님에게서 와서 여기에 있기 때문이다."

(요 8:31-42, 새번역)

아브라함의 자손임을 강조하는 유대인들에게 예수께서는 자꾸만 "너희 아비"에게 들은 것을 행하고(38절), "너희 아비"가 한 일을 따라한다(41절)고 말씀하십니다. 유대 문헌에서 "아브라함의 자손"은 '하나님의 자녀'와 동일한 말이었다고 합니다.* 그런데 자꾸 예수께서는 유대인들이 자부하는 아브라함 말고 다른 조상, 다른 아버지를 가리키시는 것처럼 보입니다. 예수께서 동문서답하시는 느낌을 지울 수 없습니다. 결국 유대인들은 예수의 말씀에 대해 자신들의 유일하신 아버지는 오직 하나님 한 분이라고 강변합니다.

잠자리에 누운 아이들에게 이 본문을 소리 내어 읽어주는데 충격은 그다음 구절에서 왔습니다.

어찌하여 너희는 내가 말하는 것을 깨닫지 못하느냐? 그것은

---

* 존 월튼·빅터 매튜스·마크 샤발라스·크레이그 키너, 신재구·정옥배·이철민·이지영·전성민·박신구 옮김, 《IVP 성경배경주석》(IVP, 2010), 1535쪽 참조.

너희가 내 말을 들을 수 없기 때문이다. 너희는 너희 아비인 악마에게서 났으며, 또 그 아비의 욕망대로 하려고 한다. 그는 처음부터 살인자였다. 또 그는 진리 편에 있지 않다. 그것은 그 속에 진리가 없기 때문이다. 그가 거짓말을 할 때에는 본성에서 그렇게 하는 것이다. 그는 거짓말쟁이이며, 거짓의 아비이기 때문이다. 그런데 **내가 진리를 말하기 때문에, 너희는 나를 믿지 않는다**. 너희 가운데서 누가 나에게 죄가 있다고 단정하느냐? **내가 진리를 말하는데, 어찌하여 나를 믿지 않느냐? 하나님에게서 난 사람은 하나님의 말씀을 듣는다. 그러므로 너희가 듣지 않는 것은, 너희가 하나님에게서 나지 않았기 때문이다**(요 8:43-47, 새번역).

◇ **예수를 믿지만 제자는 되지 못한**

자신들은 아브라함의 후손이고 자신들의 아버지는 한 분 하나님이라고, 자부심에 한목소리로 강조하는 유대인들에게 '너희 아비는 악마다'라고 말씀하시는 게 아닙니까! 그들이 하나님의 말씀을 듣지 않는 것은 "하나님에게서 나지 않았기 때문you do not belong to God"(요 8:47, NIV)이며, 이는

64

곧 그들이 "살인자", "거짓말쟁이", "거짓의 아비"인 악마
the devil의 자녀이기 때문이라는 것입니다.

그런데 지금 예수님의 이 말씀을 듣는 유대인들은 모
두 예수님을 믿게 된 사람들이었습니다. 이 대화가 나오는
본문의 시작점이 되는 요한복음 8장 31절은 이렇습니다.

예수께서 자기를 믿은 유대 사람들에게 말씀하셨다.

To the Jews who **had believed** him, Jesus said,

(새번역/NIV)

예수님을 이미 믿고 있었던had believed 그들을 향해
"너희가 하나님에게서 나지 않았"다고 선언하시다니요. 이
상한 일 아닙니까? 처음부터 찬찬히 되읽으며 묵상하는 가
운데 예수께서 하신 다음의 말씀이 눈길을 끌었습니다.

너희가 나의 말에 머물러 있으면, 너희는 참으로 나의 제자들
이다(31절).
그런데 너희는 나를 죽이려고 한다. 내 말이 너희 속에 있을
자리가("너희에게 내 말을 받아들일 마음이", 공동번역) 없기 때문
이다(37절).

하나님에게서 난 사람은 하나님의 말씀을 듣는다(47절).

예수님 말씀에 따르면(31절), 그들이 예수님을 믿었는지는 모르겠지만 '제자disciple'에 이르지는 못한 것 같습니다. 예수님의 제자는 곧 예수님의 '말씀에 머물러 있는' 사람들이며(31절), 예수님의 '말씀을 받아들일 마음'이 있는 사람들입니다(37절). 그들은 당연히 하나님의 '말씀을 귀 기울여' 듣습니다(47절).

"아브라함의 자손"으로 자부심을 갖고 살아오다가 예수님으로부터 "악마의 자손"이라는 얘기를 들은, 예수를 믿었던 이 유대인들은 어떤 반응을 보였을까요?

우리가 당신을 사마리아 사람이라고도 하고, 귀신이 들렸다고도 하는데, 그 말이 옳지 않소? (48절)
이제 우리는 당신이 귀신 들렸다는 것을 알았소(52절).

이처럼 예수님을 향한 그들의 태도가 변하기 시작하다가 마침내는 돌을 들어서 죽이려고까지 하니(59절), 예수께서는 그들을 피해 성전 바깥으로 나가십니다.

요한복음의 이 본문을 소리 내어 읽어 주다가 중간에

읽기를 잠시 멈출 수밖에 없었습니다. 이미 예수를 믿고 있었던 이들에게 하신 예수님의 말씀도 그렇고, 그 말씀을 듣고 나타내는 그들의 반응 모두 몹시 충격적이었거든요. 과연 그들이 예수님을 '믿었던' 그 믿음이란 어떤 것이었는지, 대체 자신들이 믿는 믿음의 '대상'을 어떤 존재로 여겼던 것인지 궁금하고도 의아했습니다. 아울러 자신들을 향한 예수님의 말씀을 들은 그들 가운데 돌이켜 '제자'로 거듭난 사람은 한 명도 없었던 것인지, 물음이 꼬리를 물고 일었습니다. 그들에게는 정말 예수님의 '말씀이 들어갈' 마음자리가 없었던 걸까요?

본문에서 예수님이 강조하여("참으로") 말씀하신 '제자의 조건'은, "나의 말에 머물러 있으면If you hold to my teaching"(31절, NIV)입니다. 필립스역본(J. B. Phillips New Testament)을 찾아보니 "If you are faithful to what I have said"로 되어 있더군요. 우리말 공동번역 성경은 "너희가 내 말을 마음에 새기고 산다면"으로 옮겨 놓았습니다. 이 구절을 거듭 보면서 내가 마음에 새기고 살아가는 예수님 말씀은 무엇이며, 그 말씀에 얼마나 충성되이 따르고 있는지, 과연 나는 오늘 예수님의 제자인지 자문하지 않을 수 없었습니다.

2부

나쁜 신학, 어긋난 묵상

온전한 신앙과
'나쁜 신학'

'나쁜 신학 bad theology'이라는 말, 들어 보셨는지요? 미국 심플웨이 공동체 창단 멤버이자 리더인 쉐인 클레어본의 《믿음은 행동이 증명한다》에 나오는 용어입니다.

◇ **쉐인 클레어본이 말하는 '나쁜 신학'**

쉐인 클레어본은 신수도원주의운동 New Monasticism Movement을 주도해 온 평화운동가로 알려져 있습니다. 신수도원주의운동은 현대사회의 소비주의와 강자 중심의 제국주의에 반대하여 수도원적 생활 방식을 추구하며 비폭력 평화와 사회정의를 위한 실천을 통해 하나님 나라 확장을 지향하는 대안 기독교 운동입니다. 그는 보수 기독교 성향이 강한 미국 남부 '바이블벨트'에 속하는 테네시 출신으로, 청소년기에 만나던 여자 친구가 가톨릭 신자라는 이유 때문에 이성교제를 금지당했을 정도로 보수적인 기독교 집안에서 자랐습니다. 중학생 때 거듭남을 체험한 그는 교회 중·고등부에서 열심히 활동하면서 온통 '기독교적인 것들'(기독교 음악과 범퍼스티커와 성경 구절이 담긴 사탕과 경건 서적 등)에 둘러싸여 지냈습니다.

그러나 무엇을 믿어야 하는지는 철저히 가르치는 교회가 세상 속에서 어떻게 살아야 하는지는 가르치지 않는 것을 발견했습니다. 대학 진학을 앞두고 그는 교회와 신앙에 대한 회의와 냉소에 빠져 지내다가 대학 진학 후 거리에서 노숙자들을 만나면서 새로운 신앙, 제2의 회심을 경험합니다. 이를 계기로 노숙인들과 함께 생활하기도 하고, 임시 거처에서 쫓겨날 위기에 놓인 노숙인 가족들의 권리를 위해 싸우기도 하고, 인도 콜카타로 건너가 테레사 수녀의 '사랑의 집'에서 봉사하며 지내기도 합니다. 아프가니스탄

전쟁 때는 현지 희생자들을 추모하는 집회를 열고, 미국의 이라크 침공 때는 평화봉사단원으로 현지 병원을 방문하여 피해자를 돕고 거기서 예배를 드렸습니다. 《믿음은 행동이 증명한다》는 그의 이런 자전적 이야기를 담은 책으로, 예수의 제자로서 살아가는 삶이 구체적으로 무엇을 의미하는지 강렬하고도 뜨겁게 들려줍니다.

그는 이 책에서 기독교의 이름으로 일어나는 온갖 혼란스러운 일들이 대부분 '나쁜 신학'으로 말미암은 결과라고 지적하면서, 그 해결책으로 '좋은 신학'을 취해야 한다고 강조합니다.

> 나는 그리스도와 기독교의 이름으로 세상에서 일어나는 온갖 혼란스러운 일들의 대부분이 악한 사람들에게서가 아니라 '나쁜 신학'에서 비롯된 것이라 확신한다. 그리고 나쁜 신학에 대한 해결책이 신학을 저버리는 것이 아니라 '좋은 신학'을 취하는 것이라 믿는다. 그러므로 기독교적인 언어와 성경공부를 멀리하지 말고 성경으로 뛰어들자. 좋은 신학으로 나쁜 신학을 수정하자. 죽임당한 어린양을 향한 충성을 자신의 것으로 만들어 하나님을 전사로 왜곡했던 것을 수정하자. 노숙자였던 주님을 따름으로써 '건강과 부'의 수단이 되어 버

린 복음을 수정하자.[*]

오염된 땅에서 식물이 건강하게 자랄 수 없듯, 나쁜 신학의 터 위에 온전한 신앙이 세워질 리 만무합니다. 반쪽짜리 신앙에서 온전한 묵상이 나올 리도 만무합니다. 나쁜 신학에 젖어 있으면 기독교의 이름으로 여러 사회적 물의와 스캔들을 일으키고도 정작 "너희 때문에 하나님의 이름이 이방 사람들 가운데서 모독을 받는다"(롬 2:24, 새번역)는 사실을 깨닫지 못합니다. 나쁜 신학의 예를 들자면, '땅 밟기 영적 전쟁론'이나, 가계에 흐르는 저주 끊기 세미나 열풍을 불러일으킨 '가계 저주론' 등이 대표적입니다.

지난 2010년 10월에 있었던 '봉은사 땅 밟기' 사건이 큰 사회적 파문과 종교적 갈등을 불러왔습니다. 어느 찬양학교 소속 청년들이 심야에 서울 삼성동 봉은사에 몰래 들어가 법당이 무너지기를 기도한 동영상이 포털사이트에 공개되면서 널리 알려졌습니다. 이 사건 직후 대구 동화사 땅 밟기 동영상과 사진이 각종 포털사이트에 올라와 파문이 이어졌으며, 국내뿐 아니라 해외의 타 종교 사원에 들어가서

[*]   쉐인 클레어본, 배응준 옮김, 《믿음은 행동이 증명한다》(아바서원, 2013), 178-179쪽.

일명 '땅 밟기' 의식을 행한 것이 여기저기 노출되기도 했습니다.

◇ "'땅 밟기 영적 전쟁론'은 샤머니즘 귀신론"

세계적인 한국인 신학자 김세윤 풀러 신학교 교수는 땅 밟기 영적 전쟁론이나 가계 저주론은 샤머니즘적 귀신론을 기독교적으로 포장한 '미신적 신앙'이라고 단언합니다. 땅 밟기 영적 전쟁론은 과거 정월대보름에 하던 민속신앙인 '지신地神 밟기'를 기독교적으로 포장한 것이라면서, 이를 가르치고 강조하는 이들을 향해 "진정한 영적 전쟁은 등한시하면서 예수께서 가장 엄중히 경고하신 맘몬 우상숭배를 조장하는 기복 신앙을 열심히 부추겨 많은 성도들을 사실상 사단의 나라 속으로 계속 밀어 넣는 일을 하고 있다"라고 비판합니다. 아울러 기독교식 '땅 밟기'의 역사적 사례가 십자군전쟁인데, 이 전쟁이 기독교 국가였던 비잔틴 제국의 몰락과 중동 전체의 무슬림화를 낳았고 오늘날까지도 무슬림들의 반기독교 정서가 이어져 기독교 선교의 걸림돌이 되고 있다고 지적합니다. 그럼에도 여전히 중동과 중앙

아시아의 무슬림 지역에서 강행하는 '땅 밟기' 신앙 행위는 교회의 인적·물적 자원 낭비이자 성도들을 죽음의 위기로 내모는 '신학적 무지'요 '미신적 영성'일 뿐입니다.[*]

그런데 에베소서 6장 12절을 보면, "악한 영"들에 맞서 싸우는 영적 전쟁에 관한 언급이 나옵니다. "우리의 싸움은 인간을 적대자로 상대하는 것이 아니라, 통치자들과 권세자들과 이 어두운 세계의 지배자들과 하늘에 있는 **악한 영**들을 상대로 하는 것입니다"(새번역). 이 구절에서 영적 전쟁 자체는 엄연히 실재하며 그리스도인이라면 피할 수 없는 현실임을 알 수 있습니다.

오늘 우리가 현실 삶에서 피할 수 없는 '영적 전쟁'이란 무엇을 의미할까요? 김세윤 교수에 따르면, 예수님과 사도들이 가르친 영적 전쟁은 "사단의 나라에 맞서는 것"입니다. 이는 곧 "가치 판단과 윤리적 선택을 하는 순간마다, 맘몬이라는 우상을 미끼로 다가오는 사단의 통치를 따르지 않고 하나님 통치를 받는 것"을 의미합니다.[†]

다른 종교의 사원에 들어가 "예수의 이름으로 명하노니 이 우상이 무너질지어다" 하고 통성기도와 찬양을 하는

---

[*]　김세윤, 《바른 신앙을 위한 질문들》(두란노서원, 2015), 45, 236-237쪽 참조.

[†]　김세윤, 《바른 신앙을 위한 질문들》, 35-36쪽 참조.

행위가 영적 전쟁이 아니라는 얘깁니다. 어떤 가치 판단과
윤리적 선택 상황에서 맘몬(돈)으로 현혹하는 사탄의 지배
력에 맞서 싸우는 것이 영적 전쟁이라는 얘깁니다. 따라서
영적 전쟁은 한국의 불교나 이슬람교 사원, 다른 나라의 타
종교 사원 같은 특정 장소나 공간에서 벌이는 '종교 전쟁'
이나 '종교 간 기싸움'이 아닙니다. 영적 전쟁은 장소와 공
간을 뛰어넘어 하루하루 개인의 일상에서, 가정과 직장에
서, 공적 영역에서 끊임없이 벌어지고 있습니다.

> 그러므로 날마다 가정 안에서도 서로 사랑하고, 직장이나 사
> 업장에서도 정당한 이익만 얻고 나의 상품이나 서비스로 이
> 웃의 삶을 안전하고 풍요롭게 하며, 우리 사회 또는 환경 전
> 반에서도 자유·정의·화평·건강이 증진되도록 노력하는 것
> 이 하나님의 통치를 받는 것이고, 사단의 죄와 죽음의 통치에
> 맞서는 '영적 전쟁'을 치르는 것이다. 이렇게 우리 그리스도
> 인들이 진정한 '영적 전쟁'을 한다면, 우리나라에는 하나님
> 나라의 샬롬이 얼마나 크게 실현될 것인가? 또 전 세계에 얼
> 마나 큰 선교의 효과가 있을 것인가?[*]

[*]   김세윤, 《바른 신앙을 위한 질문들》, 42-43쪽.

'가계 저주론'은 가족사 family history를 바탕에 깔고 있기에 땅 밟기 영적 전쟁론에 비해 개개인에게 훨씬 큰 영향력을 발휘하는 나쁜 신학입니다. 이는 조상이 지은 죄에 대한 하나님의 징계와 저주가 집안 대대로 이어져 내려와 각종 질병과 고통, 불행의 원인으로 작용한다고 가르칩니다.

가계 저주론은 우리의 죄를 사하시려고 '십자가 처형'마저 마다치 않으신 예수 그리스도와 하나님의 사랑에 대한 모독이며, 구원의 복음을 정면으로 거스르는 이단 사상입니다. 이런 반反복음적인 이단 사상이 신학교에서 나왔다는 사실은 아이러니입니다. 김세윤 교수에 따르면, 2000년대 초 미국 풀러 신학교 선교대학원의 몇몇 교수들이 영적 전쟁론과 가계 저주론을 공공연히 가르치고 학교의 명예를 떨어뜨리는 등 문제를 일으켰는데, 학교 차원에서 진지하고 심각한 토론과 비판을 거쳐 내부적으로 정리가 되었다는 것입니다.[†]

그런데 이 사실이 한국 교회로 넘어오는 과정에서 권

† 　김세윤, 《바른 신앙을 위한 질문들》, 171, 184-185쪽 참조.

2부 ◇ 나쁜 신학, 어긋난 목상

77

위의 근거로 오용됩니다. '영적 전쟁론과 가계 저주론을 풀러 신학교에서도 가르쳤다'는 사실이 강조되면서 대대적인 마케팅이 진행되었고 사람들이 몰려들었습니다. 가계 저주론을 전하면서 저주를 끊는 법을 소개하는 책이 20만 부 넘게 팔렸고, 가계 저주론 세미나가 선풍적인 인기를 끌었습니다. 암, 알코올 중독, 범죄, 이혼 등 고통은 모두 '조상이 받은 저주의 대물림' 탓이며 이 저주를 끊고 축복으로 바꾸도록 기도해야 한다는 메시지는 저마다 가정사에 아픔이 있는 이들이라면 누구나 귀가 솔깃해지기 마련입니다.

1997년 가계 저주론을 설파하는 책이 국내에 첫 번역 출간된 이후 10년이 되도록 관련 도서가 나오고 세미나와 강연을 통해 계속 확산되자, 2006년 대한예수교장로회 통합 측 총회는 뒤늦게 이단사이비대책위원회 연구 결과를 인용하여 가계 저주론을 가르치거나 관련 도서 읽기를 금지한다고 발표합니다. 가계 저주론이 하나님의 심판을 저주로 오해시키고 저주를 저주로 끊는 흑주술black magic을 주장하면서 사랑과 은혜의 하나님을 저주의 하나님으로 왜곡한다는 것이었지요. "가계 저주론의 신관·기독론 및 구원론·귀신신앙·축사기도문·운명론 등의 문제를 살펴볼 때 성경의 가르침과 교회의 신앙·신학에 위배됨이 현저하

고 사이비성이 농후"하다고 결론지었지요.[*]

그런데 가계 저주론은 뿌리가 질긴 독성 식물처럼 아직도 한국 교회에 남아 있습니다. 지금도 유튜브나 포털사이트에서 검색을 해 보면 관련 설교가 여러 건 나오고, 심지어 시리즈로도 올라옵니다.

이보다 더 근본적이고도 중요한 나쁜 신학이 있는데, 바로 '그릇된 구원론'입니다. 그동안 한국 교회가 '믿기만 하면 무조건 구원받는다'고 가르친 결과 '행위 없는 믿음'이 누룩처럼 퍼져 나갔습니다. 이로써 사기나 탈세, 탈루, 횡령 등 범법을 행하고, 약자를 억압하는 편에 서고, 자기 이익을 위해 공동체에 해를 끼쳐도 '예수 믿기만 하면', '믿음만 있으면' 구원은 보장된다고 생각합니다.

이 지경으로 왜곡된 구원론이 생겨나고 확산된 이유는 어디에 있을까요? 김세윤 교수는 교육, 가르침의 문제를 지적합니다. 즉 "많은 목사들이 성경과 신학에 대한 이해가 깊지 못하여, 구원을 겨우 '사영리' 수준으로 가르치고 말기 때문"이며, "'그리스도를 영접한다'는 말의 의미를…'너 자신이 죄인인 것을 인정하고, 그리스도를 영접한다고

---

[*] 김지방, "예장통합 '가계 저주론은 신학 위배'…심판을 저주로 해석", 〈국민일보〉 2006년 9월 28일 치 온라인판.

말(만)하면 구원받는다' 정도로만 가르치기 때문"이라는 거지요. 그 결과 "한국의 많은 기독교인들이 사실상 구원파와 다를 바 없이 믿고 사는" 지경이 된 것입니다.[*]

이 왜곡된 구원론의 극단적 사례를 영화 〈밀양〉(2007)에서 만날 수 있습니다. 오래전에 나왔지만, 이른바 '기독교 영화'가 아님에도 왜곡된 구원신학의 단적인 예를 이만큼 생생하게 잘 그려 낸 영화는 앞으로 나오기 어렵겠다는 생각이 듭니다.

◇ **유괴범의 신앙 고백에 담긴 신학**

배우 전도연·송강호가 주연하고 이창동 감독이 연출한 〈밀양〉은 그해 칸 영화제 여우주연상을 수상하여 화제가 되기도 했지요. 제게는 아주 깊은 고통의 심연에서 한 줄기 구원의 빛을 찾아 헤매는 인간의 실존을 담은 영화로 읽혔습니다.

남편을 잃은 여인 신애信愛는 어린 아들과 함께 새로

[*]　　김세윤, 《바른 신앙을 위한 질문들》, 18쪽.

운 시작을 꿈꾸며 내려온 소도시 밀양에서 도리어 생의 파국에 맞닥뜨립니다. 하나뿐인 아들이 유괴범에게 납치당한 뒤 싸늘한 시신이 되어 돌아온 거지요. 세상이 무너져 내리는 듯한 절망 가운데서 신애는 기독교 신앙에서 구원의 빛을 찾으려 합니다. '상처받은 영혼을 위한 기도회'에 나간 뒤로 조금씩 고통을 추스르는 듯 보이더니 구역 모임에도 나가고 간증도 하고 역전에서 교우들과 함께 노방찬양도 합니다. 그런데 그 모습에서 왠지 칼날 위를 걷는 듯한 위태로움이 느껴집니다. 어느 날 신애는 "하나님의 사랑과 은혜를 전하기 위해" 아들의 웅변학원 원장이던 유괴살해범을 면회하러 교도소로 갑니다. 그리고 거기서 유괴범이 주저 없이 내뱉는 말에 하얗게 질리고 맙니다.

"저도 하나님을 가슴에 받아들이게 되었어요. … 하나님께 회개하고 용서받으니, 이래 편합니더. 얼마나 편한지 모릅니더."

확신에 찬 낯빛으로 단단하고도 당당하게 내뱉는 유괴살해범의 신앙 고백은 가히 충격적으로 다가왔습니다. 《천하무적 아르뱅주의》 저자 신광은 목사는, 그 신앙 고백을 가리켜 "자신의 확신으로 구원과 용서를 정당화하는 자기중심적 편의주의 신학의 극단"이라면서, 이야말로 '아르

뱅주의'의 대표적인 사례라고 언급한 바 있습니다.[*]

신광은 목사가 이름 붙인 아르뱅주의는 한국 교회가 아르미니우스주의식 '주관적 구원의 확신'과 칼뱅주의식 '성도의 견인'(하나님이 택하신 자는 무조건적 구원 대상으로 하나님이 끝까지 붙드신다)을 최악으로 뒤섞어 만든 '괴물신학'을 일컫습니다. 아울러 신 목사는 어떤 참회의 행위나 대가 없이 오직 자기중심적 확신에 근거하여 구원과 용서를 얻는 이 '값싼 은혜'의 신학이 한국 교회의 비윤리적이고 몰염치한 행태를 정당화하는 역할을 해 왔다고 지적합니다.

성추문으로 사회적 물의를 일으킨 목사가 어떤 진심 어린 회개와 사죄도 없이 사임한 지 얼마 안 지나서 교회를 개척했고, 그런 교회에 2,000명이 몰려갔다. 대체 어떻게 이걸 설명할 수 있을까? 국내 우유업계의 유명 기업이 대리점을 상대로 '갑'질을 해 왔다는 기사가 나왔을 때, 불매운동이 일어나고 난리가 났다. 그런데 성추문이 공개적으로 밝혀지고 본인도 인정한 그 교회에는 순식간에 2,000명이나 되는 사람들이 몰려간 거다. 이것은 분명 정당화의 논리가 작동하고 있는 것

[*] "한국 교회의 윤리적 실패는 곧 신학의 실패:《천하무적 아르뱅주의》저자 신광은 목사 인터뷰",〈복음과상황〉2014년 4월호, 54쪽 참조.

이고, 나쁜 신학이 역할을 감당하고 있는 것이다. [†]

◇ '좋은 신학' 토양에서 꽃피는 신앙과 묵상

이런 나쁜 신학, 천박한 신학의 토양에서 온전한 신앙, 총체적 묵상이 꽃피고 열매 맺기를 기대하는 것은 가히 나무 우듬지에서 물고기 찾는 격緣木求魚이자, 요즘 식으로 말하자면 '미션 임파서블'이 아닐는지요. 이쯤에서 혹시 '신학'이 신앙생활과 무슨 관계가 있나, 성경과는 또 무슨 관계가 있나, 그건 전문가(신학자·목회자)들의 영역 아닌가 반문하실 분들이 있을지도 모르겠군요. 이에 대해 바로 그 분야 손꼽히는 전문가(신학자)인 김세윤 교수는 "복음의 의미를 되새기고 하나님을 믿는 자로서 어떻게 살 것인가 생각하는 것이 바로 신학하는 것"이며, 따라서 "모든 그리스도인은 신학을 하는 사람들"이라고 말합니다. 그럼에도 한국 교회에는 "신학과 신앙을 전혀 관계없는 것으로 생각하고, 심지어 신학을 하면 도리어 신앙이 위협을 받고 떨어진다고

[†]   〈복음과상황〉 2014년 4월호, 54쪽.

생각"하는 그릇된 신학 이해가 넓게 형성돼 있다고 얘기합니다.[*]

나쁜 신학, 그릇된 신학의 토양에서 온전한 신앙이 꽃을 피울 수 없고 온전한 묵상의 삶이 열릴 수 없습니다. 좋은 신학, 올바른 신학이라야 온전한 신앙이 꽃을 피울 수 있습니다.

> 기독교 신앙은 올바른 신학에 의해서 늘 새롭게 뒷받침되어야 그것이 바르게 서고 깊어질 수 있다. 신학적 사유와 분별력을 동반하지 않은 신앙은 맹신이 되어서 그릇된 신념과 스스로 불행하고 남에게 불행을 가져다주는 삶을 낳을 수 있다. … 올바른 신학은 복음을 더 바르고, 깊고, 넓게 이해하고 선포하게 하며, 복음에 합당한 사고와 삶을 앙양하는 것, 즉 바르고 깊은 신앙을 증진하는 것이다.[†]

[*]   김세윤, 《바른 신앙을 위한 질문들》, 55-56쪽 참조.
[†]   김세윤, 《바른 신앙을 위한 질문들》, 56쪽.

나쁜 신학을
수정하려면

◇ **'교회'를 떠나게 한 나쁜 신학**

처음 교회를 다니기 시작한 고등학생 시절, 하나님에
대한 두려움이 마음 한구석으로 스며들었습니다. 두려움은
깊이 자리 잡았고 질겼고 오래갔습니다. 대학생이 되어 '교
회'를 떠난 뒤로도, 복학하여 예기치 않게 한 선교단체에
들어가 성경을 공부하며 예수를 주로 고백하고 회심해 그
리스도인이 된 후로도 한동안 사라지지 않았습니다. (고등학
생 시절 '교회'에 속해 열심히 활동은 했을망정 '주님'과는 친밀한 관계를

맺은 적이 없었습니다. '종교인'이기는 했으나 '그리스도인'은 아니었죠.)

그 두려움은 《나니아 연대기: 사자와 마녀와 옷장》에서 수잔과 루시가 아슬란에게 가졌던 두려움(good fear)과는 다른, 건강하지 못한 두려움이었습니다. 루시 일행이 나니아에서 아슬란을 처음 대면한 순간, 그들은 '선하면서도 동시에 무서운 존재'를 처음으로 인지하게 됩니다. 그건 유령이나 귀신을 맞닥뜨릴 때 느끼는 공포와는 다른 두려움이었지요.

저의 두려움은 하나님에 대한 왜곡된 인식에서 비롯되었는데, 그 무렵 저에게 있던 하나님 이해는 두 가지 수준을 오가고 있었습니다. 하나는 하나님을 마치 영화 〈트루먼 쇼〉(1998)에 나오는 TV 기획자처럼 여기는 수준이었습니다. 30세 보험회사 직원 트루먼(짐 캐리)이 어린 시절부터 성장기를 거쳐 현재에 이르기까지의 일생과 일상을, 세트장 바깥 세계 최대 방송국 조종실에서 내려다보면서 지시를 내리고 프로그램을 주도하고 지휘하는 크리스토프(에디 해리스) 같은 존재로 여겼던 거지요. 세트장(인생) 밖 멀리 저 아득히 높은 곳에서 세트장을 내려다보며 지시를 내리는 분이 제가 이해한 하나님이었습니다.

다른 하나는 이보다 더 나쁜 수준이었는데, 제 뜻과는

무관하게 자기 원하는 바대로 따르라고 명령하고 강압적으로 부리고 조종하려는 독재자 같은 존재로 하나님을 이해했습니다. 교회를 다니기 시작한 무렵부터 줄곧 내가 결코 원치 않는 목사나 선교사를 하라고 하나님이 시키시면 어쩌나 노심초사 두려워한 건 그 때문입니다. 수십 년이 지난 지금이야 이때를 생각하면 웃음이 나기도 하지만, 당시로선 몹시 무겁고 힘겨운 공포였습니다. 그런 하나님을 향해서는 결코 어떤 공경심도 일지 않았습니다.

그것은 실재하지 않는 '가짜 신counterfeit gods'이었습니다. 미국의 복음 전도자요 변증가이자 뉴욕 리디머장로교회를 세운 티모시(팀) 켈러는 《팀 켈러의 내가 만든 신》에서 "우상은 모든 사람 속에 숨어 있다"*고 말하면서, '신학적 우상'에 대해 이야기합니다. 그에 따르면 교리적 오류는 하나님 상을 심하게 왜곡함으로써 결국 거짓 신을 숭배하게 만든다는 것입니다. 당시 저는 하나님에 대한 교리에 무지했거나 잘못 받아들였고, 그 결과 '하나님 상concept of God'이 어그러져 가짜 신을 받들고 따른 셈이었습니다. 왜곡된 신론神論은 저를 결코 바른 신앙, 건강한 믿음으로 이끌어

* 팀 켈러, 윤종석 옮김, 《팀 켈러의 내가 만든 신》(두란노서원, 2017), 246쪽.

주지 못했습니다. 하나님과의 관계에서 한 치의 성장도 이루지 못한 채 결국 교회마저 등지고 말았었지요.

저의 뒤틀린 하나님 상을 얘기할 기회가 없어서였는지, 어느 누구도 이를 바로잡아 주지 않았습니다. 왜곡된 하나님 상을 바로잡게 된 계기는 건강한 신앙공동체 안에서 경험한 성경공부를 통해서였습니다. 교회를 떠난 지 4년쯤 지났을 무렵 선교단체 간사님과 성경공부를 시작했는데, 그분은 제 온갖 비판적인 질문과 공격적인 물음에도 늘 성실히 답변해 주었지요. 그 결과 그가 익히고 훈련해 온 좋은 신학이 제 나쁜 신학을 조금씩 조금씩 수정해 나갔습니다. 제게는 참으로 유익한 훈련이자 크나큰 은혜의 나날이었습니다.

◇ 왜곡된 '메시아 신학'

나쁜 신학의 병폐는 비단 제 경우에만 해당되는 것은 아니었던 모양입니다. 마태복음 20장 20-28절을 묵상하다가 새삼 놀란 적이 있습니다. 예수님의 제자들마저 잘못된 신학에서 벗어나지 못한 모습을 볼 수 있었기 때문입니다. 여태껏 지나친 구절이 새롭게 보여 거듭 그 본문을 읽었습니다.

그때에 세베대의 아들들의 어머니가 아들들과 함께 예수께 다가와서 절하며, 무엇인가를 청하였다. 예수께서 그 여자에게 물으셨다. "무엇을 원하십니까?" 여자가 대답하였다. "나의 이 두 아들을 선생님의 나라에서, 하나는 선생님의 오른쪽에, 하나는 선생님의 왼쪽에 앉게 해 주십시오"(20-21절, 새번역).

"세베대의 아들들"은 다름 아닌 요한과 야고보를 말합니다. 당시 유대와 헬라(그리스) 문화에서는 어떤 청탁을 할 때, 직접 하기보다 어머니 같은 여성을 통해 간접적으로 하는 편이 더 효과적이었다고 합니다. (이 본문의 병행 구절인 마가복음 10장 35-45절에는 두 아들이 직접 간청했다고 기록되어 있습니다.) 여기서 중요한 건, 청탁 주체보다 청탁한 내용입니다.

두 아들의 어머니는 예수께 자기 아들 둘을 각각 주님 나라의 우편과 좌편에 앉게 해 달라고 간청합니다. 그녀의 청은 메시아와 하나님 나라에 대한 당시 유대인들의 사고를 반영합니다. 예수께서 이 세상 나라의 통치자로 왕좌에 오르시면 자신의 두 아들을 왕좌의 좌우편에 2인자로 앉혀 달라는 요청인 셈입니다.[*] 이는 잘못된 메시아

2부 ◇ 나쁜 신학, 어긋난 묵상

---

[*] 존 월튼·빅터 매튜스·마크 사발라스·크레이그 키너, 신재구·정옥배·이철민·이지영·전성민·박신구 옮김, 《IVP 성경배경주석》(IVP, 2010), 1318쪽 참조.

신학에서 나온 지극히 세속적이고 권력지향적인 청탁이었습니다.

예수님은 이를 이방인의 권력 추구 모습이라고 지적하시면서, '종이 될 뿐 아니라 만인의 구원을 위해 목숨까지 버리는' 메시아 상을 말씀하십니다(25-27절). 요직 청탁을 한 시점("그때에")이 예수께서 예루살렘으로 가시면서 십자가 죽음과 부활을 얘기하신 직후(17-19절)였다는 점에서, 그들 안에 왜곡된 메시아 신학이 얼마나 견고하게 자리 잡고 있었는지 여실히 보여 줍니다.

성경은 곁에 있던 다른 제자 열 명이 야고보와 요한에게 분개했다고 기록합니다(24절). 그들 열 제자는 동료 두 명의 세속적이고 권력지향적인 태도와 잘못된 신학에 화가 났던 것일까요? 세계적 신약학자 톰 라이트의 해설은 '예수님의 제자'들에 대한 환상을 가차 없이 깨뜨립니다.

그들도 부유하고 유명해지고 싶었다. 그들도 권력과 지위와 명성을 간절히 원했다. 그러니까 그들 자신이 이 세상의 교만한 지배자들과 조금은 비슷해지고 있었다. 복음이 전복시키려는 그 사람들처럼 되고 있었다. 그들은 산상수훈을 벌써 잊어버렸단 말인가?[*]

그러니까 나머지 열 제자 역시 2인자의 자리, 권력자의 최측근이 되고 싶었던 겁니다. 그들이 너무 순수해서 미처 청탁할 생각을 못 해서가 아니라, 야고보와 요한이 자신보다 한발 앞섰기에 화가 났던 거지요.[†]

◇ **탐욕이 깃든 '여호와의 날 신학'**

몇 년 전 《매일성경》으로 그날 치 성경 본문을 묵상하던 중 구약시대에 유행한 나쁜 신학의 예를 맞닥뜨렸습니다. 아모스 5장 18-27절로, "여호와의 날"이 오기를 바라며 함께 모여 제사(예배)드리고 제물을 바치던 이스라엘을 향해 "오직 정의를 물같이, 공의를 마르지 않는 강같이 흐르게" 하라(24절)고 권고하면서 심판을 선포하는 내용입니다. 이 구절에 대한 《매일성경》 해설은 이렇게 시작합니다. "잘못된 신학은 잘못된 신앙을 낳습니다. 아모스는 여호와의

[*]   톰 라이트, 양혜원 옮김, 《모든 사람을 위한 마태복음 2》(IVP, 2010), 96쪽.
[†]   톰 라이트, 《모든 사람을 위한 마태복음 2》, 95쪽 참조.

91

날에 대한 이스라엘의 잘못된 환상을 깨뜨리고 정의와 공의가 배제된 예배의 문제점을 지적합니다."[*]

아모스서는 다윗과 솔로몬의 치세에 버금가는 영토와 번영을 누리던 여로보암 2세 치하(북이스라엘)를 배경으로 합니다. 이 시기 북이스라엘은 가난한 약자들에 대한 압제와 약탈을 토대로 부유한 귀족 사회로 탈바꿈해 갔고, 왕족과 제사장·선지자·재판관 같은 지도층들은 서로 결탁하고 공모하여 그들만의 풍요와 번영을 한껏 누리고 있었습니다. 당시 왕족과 부유층은 이 성장과 확장의 시기를 하나님의 축복으로 여기면서 더 밝은 미래("여호와의 날")가 다가오리라 확신했지요.[†]

결국 당시 대유행하던 "여호와의 날" 신앙은 자신들의 앞날에 더 큰 풍요와 번영이 이뤄지기를 욕망하고 꿈꾸던 번영 신학이자 낙관주의 신학이었습니다.[‡] 바로 이 잘못된 '여호와의 날 신학'에 사로잡힌 북이스라엘 사람들을 향해 남유다의 시골 출신 농부 아모스는 이제 꿈에서 깨어나

---

[*]   〈매일성경〉 2015년 12월 11일 '본문 해설' 참조.

[†]   고든 D. 피·더글라스 스튜어트, 김진선 옮김,《책별로 성경을 어떻게 읽을 것인가》
       (성서유니온선교회, 2003), 279-280쪽 참조.

[‡]   〈매일성경 순〉 2015년 12월 11일 '본문 해설' 참조.

라고, 당신들이 신봉하는 그날은 어둠의 날, 심판의 날이라
고 선포합니다.

◇ '좋은 신학'을 취하는 쉬운 방법

잘못된 신학, 왜곡된 신학이 낳는 폐해가 적지 않다
하여 신학 자체를 부정적으로 바라보아서는 곤란합니다.
어떤 이들은 신학을 현학적이고 실제적이지 않으며 머리
만 아픈 학문 정도로 여길지 모릅니다. 이와 달리 C. S. 루
이스는 신학을 일종의 '경험 과학'이자 서로 다른 수많은
경험을 한데 모아 만들어 낸 아주 실제적인 '지도'로 봅
니다.

> 신학은 지도와 같습니다. 단순히 기독교 교리를 배우고 거기
> 에 대해 생각하는 데서만 멈춘다면 … 생생하지도 않고 흥미
> 롭지도 못할 것입니다. 교리는 하나님이 아닙니다. 일종의 지
> 도일 뿐입니다. 그러나 그 지도는 정말 하나님을 만났던 수백
> 명의 경험…에 토대를 두고 있습니다. 또한 여러분이 더 먼

곳에 가고자 한다면 반드시 지도를 써야 합니다.[*]

루이스식으로 말하자면, 지도만 들여다본다고 산을 오를 수 있는 건 아니지만 지도 없이 무조건 산을 오르는 것도 안전한 일은 못 됩니다. 지도를 무시하고서 목적지까지 잘 찾아가기를 바라는 건 가당찮은 일입니다. 여행자가 지도를 챙기듯, 신앙인은 신학에 귀를 열어야 합니다.

여러분이 신학에 귀를 기울이지 않는다고 해서 하나님에 대해 아무 개념도 가지고 있지 않다는 뜻이 아닙니다. 오히려 잘못된 개념—여러 가지가 뒤섞인 해롭고 낡은 개념—을 너무 많이 가지고 있다는 뜻입니다. 오늘날 새로운 것인 양 자랑스레 내보이는 개념들의 상당수는 진짜 신학자들이 수 세기 전에 이미 검토하여 폐기한 것들입니다.[†]

'신학'과 '신앙'을 서로 대립하는 것으로 여기는 한국 교회는 대체로 신학을 배척하는 경향이 있습니다. 김동건 영남신학대 조직신학 교수는 이를 이원론적 사고와 연관

[*] C. S. 루이스, 이종태 · 장경철 옮김, 《순전한 기독교》(홍성사, 2001), 241쪽.
[†] C. S. 루이스, 《순전한 기독교》, 242쪽.

지어 설명합니다. 신앙은 가슴으로 신학은 머리로 하는 것으로 분리하여 주로 '가슴'을 강조해 왔다는 것이지요. 그러나 신학과 신앙은 결코 상충하지 않으며 상보적이라는 게 김 교수의 말입니다.

> 신학과 신앙은 서로를 돕는다. 신학이 신앙 안에 있을 때 열정을 가진다. 신앙이 신학적 토대를 가지면 흔들리지 않는다. … '신앙이 없는 신학은 건조해지고, 신학이 없는 신앙은 자기주관성에 빠진다.'[†]

존 스토트는 "신학이 없는 예배는 반드시 우상숭배로 변질되고 만다"라고 했습니다. 알리스터 맥그래스는 신학이 복음의 능력을 더 깊이 이해할 수 있게 해 준다면서, 신학적 성찰을 통해 우리 신앙이 더 깊어지고 개인적인 삶도 풍성해질 수 있다고 강조합니다.[§]

그런데 신학을 하려면 신학교에 가야 하지 않을까요? 좋은 신학으로 나쁜 신학을 수정하려면 훌륭한 신학자가 있는 신학교에서 배우는 게 중요하지 않을까요? 물론 중요

[†] 김동건, 《김동건의 신학이야기》(대한기독교서회, 2014), 41쪽.
[§] 알리스터 맥그래스, 안종희 옮김, 《삶을 위한 신학》(IVP, 2014), 11, 19쪽 참조.

합니다. 그러나 그보다 더 쉽고도 빠른 한 방편은 좋은 신학자들, 좋은 작가들의 책을 가까이하는 일입니다. 권연경, 김근주, 김기석, 김동건, 김세윤, 김회권, 박영돈, 톰 라이트, C. S. 루이스, 알리스터 맥그래스, 존 스토트, 제임스 패커, 미우라 아야코, 박완서, 엘리 위젤, 톨스토이…. 개인적이고 주관적으로 나열한 이들 신학자와 작가들은 저를 지금껏 바른 신앙의 길을 걷도록 독려하고 이끌어 준 고마운 스승들입니다.

일그러진 설교,
어긋난 묵상 1

출근길 버스 옆자리의 한 중년 여성이 노트를 펼쳐 들고 열심히 읽고 또 읽습니다. 무슨 내용이기에 저리도 맹렬히, 고시 공부 하듯 보나 싶어 넌지시 곁눈질을 해 보니 '설교 기록 노트'였습니다. 가로형 스프링 노트는 교회에서 자체 제작한 듯 속지 첫 줄에 설교자 이름을 기록하는 부분('설교자: _____')이 따로 있더군요. 서울 여의도를 지나다니는 그 버스에서는, 성경을 읽는 승객은 물론 서로를 '집사님', '권사님'이라 부르는 분들을 더러 목격합니다. 설교 노트를 보고 또 보던 그 권사님 아니면 집사님은 어느 목사님

97

의 설교를 그토록 마음을 다해 묵상하던 중이었을까요.

◇ 거짓을 뒤섞은 설교

대다수 한국 교회 예배에서 설교는 비할 바 없이 중요
한 위치를 차지합니다. 설교가 빠지면 예배가 아닌 듯 여길
정도고, 예배순서상 중앙에 오는 설교에 가장 긴 시간이 주
어집니다. '믿음은 들음에서 난다faith comes from hearing the
message'는 로마서 구절(10:17)을 내세우면서 설교를 강조하
는 말을 들어 보지 않은 개신교인이 얼마나 될까요. 주보에
주일 설교를 요약해 싣고, 이를 구역 모임이나 개인 묵상에
활용하도록 독려하는 교회도 적지 않습니다.

성도들이 설교의 영향을 크게 받는 건 당연하고 자연
스러운 일입니다. 설교에 귀 기울임으로 신앙이 자란다는
데 이견이 없습니다. 실제로 주변에는 예배나 집회에서 들
은 설교를 통해 회심하거나 신앙이 성장한 이들이 적지 않
습니다. 문제는 회심을 낳기는커녕 회의만 키우는 설교가
적지 않다는 데 있습니다. 설교자의 자의식이나 편견, 편협
한 가치 판단이나 주관적인 주장을 하나님의 말씀인 양 포

장하는 일그러진 설교 말이지요.

저명한 미국 작가 필립 얀시가 성장기 내내 들었던 설교가 그 한 예일 터입니다. 얀시는 《놀라운 하나님의 은혜》, 《교회, 나의 고민 나의 사랑》, 《그들이 나를 살렸네》 등을 저술한 베스트셀러 작가로, 국내에서도 꽤 오랫동안 인기를 누린 글쟁이입니다. 십대 시절 그는 법적으로 인종차별을 인정하던 미국 남부 조지아주의 근본주의 교회에 다녔는데, 인종차별을 정당화하는 설교와 가르침을 줄곧 들어야 했습니다.

> 목회자는 강단에서 노골적으로 인종차별적 설교를 했다. 뜻이 모호한 창세기의 구절들을 인용하면서, 흑인은 하나님의 저주를 받았다고 주장했다. '식당에서 피부가 검은 종업원들이 엉덩이를 흔들며 식탁 사이를 누비면서 접시를 나르는 모습만 보더라도' 알 수 있듯, 그들은 종노릇은 잘할 수 있지만 지도자 역할은 절대로 감당하지 못한다는 것이다.[*]

얀시는 십대 시절 내내 그 근본주의 교회의 가르침이

[*] 필립 얀시, 최종훈 · 홍종락 옮김, 《그들이 나를 살렸네》(포이에마, 2013), 25쪽.

자신의 삶과 신앙을 짓눌렀고, 그 때문에 교회에 대한 거부감이 들어 스스로 신앙을 버리기로 결단할 지경까지 갔다고 합니다. 시간이 한참 흐르고 난 뒤에야 비로소 그 교회의 가르침이 '진리에 거짓을 섞고 있다'는 사실을 깨닫게 됩니다.

설교자의 편견이나 진리에서 어긋난 가르침이 설교에 섞이는 것은 아주 드물거나 예외적인 일이 아니라 '빈번하게' 일어납니다. 한국 교회의 손꼽히는 설교자로 알려진 김회권 목사(숭실대 기독교학과 교수)는 수년 전 어느 신학대학원 신앙사경회에서 이렇게 말한 바 있습니다.

저는 저의 혀를 믿지 못합니다. 설교 중에는 여러 가지 예화가 들어갑니다. 그런 경우에는 빈번히 특정 직업, 지역의 비하 또는 설교자의 독특한 편견이 말씀선포 속에 뒤섞이는 경우가 생깁니다. 유머 구사 과정에서 특정 인물이나 특정 직업군이 들어갑니다.[*]

* 김회권, 《목회자 후보생들에게》(복있는사람, 2012), 362쪽.

◇ 율법적 메시지에 짓눌리는 회중

회심한 지 일 년이 채 안 되었을 때 홀로 찾아간 기도원에서 들은 설교를 아직도 잊을 수가 없습니다. 경기도 북부의 산 이름을 딴 기도원이었는데, 저녁 예배에 한 번 참석한 뒤로는 혼자 숙소나 숲에서 성경을 읽고 기도하며 시간을 보냈습니다. 같은 방을 사용하던 어느 교회 장로님이 "젊은 사람이 예배를 소홀히 하면 안 된다"라고 나무라시는데도 도무지 다시 참석할 생각이 나지 않았습니다. 예배 때 들은 설교 탓이었는데요, 목사인 기도원 원장의 설교는 공감할 수도 동의할 수도 없었습니다.

"내가 아는 어느 장로가 주일에 여행을 갔어요. 주일 성수를 하지 않고 놀러 갔는데, 그만 교통사고가 나서 즉사하고 말았어요. 주일을 거룩하게 지키지 않고 놀러 가니까 그만 하나님이 그 장로를 치신 겁니다. 아멘?"

설교도 충격적이었지만, 모두 아멘으로 응답하는 분위기에 더 경악했습니다. 당시 햇병아리 신앙인이던 제게 그 설교는 한순간이나마 하나님을 '냉정하고 잔인한 독재자'로 생각하게 했습니다. 하나님이 정말 그런 분일까, 의아해하면서 저는 설교가 끝나기만을 기다렸지요. 설교자는 계속해서 자기가 아는 어느 성도가 담임목사에게 옷을 선물해서 물질의 축복을 받았다는 둥 하며 복 아니면 벌을 받았다는 맥락의 여러 예화를 열정적으로 늘어놓았습니다.

거의 30년이 되어 가는 일이라 이제는 그런 식의 설교가 예배나 집회 때 전해지는 일은 없겠지 했는데, 현실은 그렇지 않은 모양입니다.

오늘날 강단에서 전파되는 메시지에 복음의 골자는 빠지고 온통 신자의 헌신과 열심을 고취시키는 윤리적인 지침과 권면으로 가득하다. 많은 교인이 도덕적으로 각색되어 복음의 핵심이 흐려진 율법적인 메시지에 짓눌려 그리스도 안의 자유와 생명력을 누리지 못하고 있다.[*]

'많은 교인이 도덕적으로 각색된 율법적 메시지에 짓눌리고 있다'는 박영돈 고신대 교의학 교수의 지적에 심란해졌습니다. 심지어 설교자들이 진리 자체를 모른다는 지적에 이르러서는 정말 참담한 심정이 되었습니다.

[*] 박영돈, 《일그러진 한국 교회의 얼굴》(IVP, 2013), 219-220쪽.

설교자들이 안고 있는 더 뿌리 깊은 문제는 복음을 모른다는 데 있다. … 한국 교회의 많은 설교자가 복음을 모른다는 사실, 다시 말하면 그리스도의 영광을 보지 못할 정도로 영적으로 어둡다는 증거가 복음을 세상의 헛된 영광을 위해 도구화하려는 데서 확연히 드러난다. 곧 설교자가 지향하는 바가 그리스도의 영광을 드러내는 것이 아니라 교회 성장과 목회 성공이라는 점에서 나타난다.[†]

◇ 설교의 배신, 배신의 설교

미국의 신학자 월터 브루그만은 세계적인 구약신학자이면서 설교를 탁월하게 하기로 유명한 대중 설교자로 평가받는 인물입니다. 브루그만에 따르면, 설교자란 "여호와를 핵심 행위자로 상정하는 세계를 다시 상상하게 해 주는 위험한 과업을 맡은 사람"입니다.[‡]

인생에서 그 무엇도, 그 누구도 아닌, 여호와 하나님이

[†]   박영돈, 《일그러진 한국 교회의 얼굴》, 211-212쪽.
[‡]   월터 브루그만, 홍병룡 옮김, 《텍스트가 설교하게 하라》(성서유니온선교회, 2012), 295쪽.

'핵심 행위자'임을 다시금 '상상'하게 해 주는 것은 위험한 일입니다. 하나님을 밀어내고 그 자리를 차지하려는 인간적 욕망과 야망, 돈과 권력을 거스르고 심지어 맞서기까지 해야 하는 사람이 설교자이기 때문입니다. 하나님이 핵심 행위자가 아닌 상황을 그대로 지속시키려는 세력이 강고하기 때문입니다.

그런데 박영돈 교수의 지적에서 보듯, 오늘날 한국 교회의 설교자들은 하나님을 대신하여 설교자 자신이 핵심 행위자가 되는 세계, 설교자의 종교적 야망이 중심이 되는 세계를 회중이 상상하게 하는 건 아닌지 염려스럽습니다. 아울러 매 주일 설교를 통해 성도들 자신의 숨겨진 욕망이 중심이 되는 세계를 상상하게 만들고 있는 건 아닌지 아연 두려워집니다.

달을 가리키면서 오히려 달을 가린다면, 그 손가락이 제 역할을 했다 할 수는 없을 터입니다. 마찬가지로 설교자가 하나님을 올바로 드러내기보다 자기 자신을 주목하게 한다면, 그 설교는 마땅히 경계하지 않을 수 없을 터입니다. 박영돈 교수가 되풀이해 지적하고 스스로도 경계하는 바, '교회 선생'들은 누구나 숭배받고 싶은 '교주 근성'이 있기 때문입니다. 그러므로 설교자는 자신이나 회중 그 누구도 아닌 야훼 하나님이 '핵심 행위자'가 되는 세계를 상상하게 하는 설교를 전해야 합니다. 그렇지 않고 강단에서 선포되는 설교가 설교자의 자의식, 이해관계, 정치색, 편견 중심으로 흐를 때, 이를 두고 설교의 배신, 배신의 설교로 부르는 게 과연 지나친 일일까요?

아울러 한국 교회 안에 '세상의 영광과 번영을 암시하는 제국의 이미지로 회중의 마음과 상상력을 사로잡아 세상을 닮아 가게 하는 설교'가 적지 않다는 박영돈 교수의 지적에 귀 기울여야 합니다.

> 이런 설교는 교인들이 그리스도의 영광을 보고 즐거워하며 그것을 최고의 가치로 추구하게 하는 것이 아니라, 세상 것을 얻어 내기 위한 수단으로 기독교 신앙을 이용하도록 미혹한다. 교인들이 세속화되고 한국 교회의 얼굴이 이같이 일그러진 일차적인 책임은 강단에 있다. 그리스도의 영광에 눈멀고 제국의 영광에 홀려 있는 목사들이 그리스도와 하나님 나라의 영광을 증거하는 것이 아니라 복음으로 얄팍하게 포장된 자본주의 제국의 영광과 이미지를 전하기 때문이다.[*]

---

[*] 박영돈, 《일그러진 한국 교회의 얼굴》, 213쪽.

문제는 이런 설교가 강단에서 울려 퍼질 때, 듣는 이는 설교자가 거짓을 뒤섞고 있음을 분별해야 할 텐데 도리어 '은혜와 감동을 받고 아멘으로 화답'한다는 것입니다. 그 설교가 우리 내면의 숨은 욕망과 야망을 정당화하는 면죄부를 부여해 주기 때문입니다.

거짓이 섞인 설교를 매 주일 듣고, 노트에 받아 적고, 주중에 거듭 읽기까지 할 때, 어떤 삶을 살아가는 신앙인이 나오게 되는지요. 이런 일그러진 설교에 길들고 익숙해졌을 때, 성경을 과연 어떤 마음가짐으로 읽고 묵상하게 되는지요.

링컨 전 미국 대통령은 다음과 같은 말을 남겼다고 합니다.

하나님이 우리 편인지 아닌지는 내 관심사가 아닙니다. 나의 가장 큰 관심사는 내가 하나님 편에 서는 것입니다.

My concern is not whether God is on our side; my greatest concern is to be on God's side.

하나님을, 하나님 말씀을 자기편으로 수단화하는 설교 말고 진실로 하나님 편에 서는 설교, 하나님 편에서 전하는 설교가 많아졌으면 좋겠습니다. 그런 설교를 들음으로, 우리의 묵상과 일상이, 신앙생활이 하나님 편에 한 걸음 더 가까워지면 좋겠습니다.

일그러진 설교,
어긋난 묵상 2

◇ **'바알'을 설교하는 선지자들**

선지자들은 바알의 이름으로 예언하고

The prophets prophesied by Baal,

(렘 2:8, 개역개정/NIV)

언젠가 예레미야서를 묵상하다 깜짝 놀라 몇 번이나
되읽은 구절입니다. 이스라엘의 선지자들이 하나님의 이름
이 아닌 "바알의 이름으로" 예언을 하다니! 공동번역 성경

은 이 구절을 "예언자라는 것들은 바알의 말이나 전하며"라고 번역했습니다. 유진 피터슨의 《Message》 영어성경에서는 "The prophets preached god Baal(선지자들이 바알 신을 설교했다)"로 옮겼더군요.

가나안 지역에서 숭배해 온 '풍요의 신' 바알은 성경에서 하나님 외에 가장 많이 언급되는 신의 이름으로, '주인'이라는 뜻을 지닙니다. 그런데 하나님의 선지자들이 이 풍요의 신을 설교하는 일이 예레미야 시대(주전 627-585)에만 있었을까요? 저명한 설교자이자 신약학자인 김영봉 와싱톤사귐의교회 목사는 《설교자의 일주일》에서 오늘의 설교를 두고 이렇게 반성합니다.

무엇보다, 복음의 '비밀'을 축복의 '비결'로 둔갑시켜 놓았다는 사실이 가장 큰 문제입니다. 복음의 기가 막힌 매력을 축복받는 비결로 축소시켜 놓고는 그것으로 사람들의 환심을 사고 교회를 성장시키기 위해 노력해 왔습니다.[*]

복음의 비밀을, 풍요의 복에 대한 욕망 성취의 비결로

* 김영봉, 《설교자의 일주일》(복있는사람, 2017), 66쪽.

뒤바꾸어 놓았다는 그의 지적은 한국 교회 현실에만 해당하는 건 아닙니다.

미국의 초대형 교회에 사람들이 몰려드는 이유는 대체로 복받는 비결을 알고 싶어서입니다. 미국에서 초대형 교회를 일군 설교자들은 대부분 하나님의 말씀을 성공과 축복의 비결로 둔갑시키는 일에 탁월한 사람들입니다. 조엘 오스틴이 그 대표적 인물입니다.[*]

조엘 오스틴은 국내 유수의 기독교 출판사가 번역 출간해 밀리언셀러가 된 《긍정의 힘 *Your Best Life Now*》의 저자입니다. 〈위키피디아〉에 따르면, 그는 매주 성인 기준 4만 5,000명이 출석(2021년 11월 기준)하는 레이크우드교회 담임목사로 정식 신학교육은 받지 않았으며, 기독교에서 이단시하는 모르몬교도를 기독교인으로 칭하여 논란이 되기도 했습니다.[†]

류응렬 전 총신대 설교학 교수는 그를 가리켜 "반쪽

---

[*]   김영봉, 《설교자의 일주일》, 66쪽.

[†]   https://en.wikipedia.org/wiki/Joel_Osteen (2021년 9월 23일 최종 검색), https://en.wikipedia.org/wiki/Lakewood_Church (2022년 3월 1일 최종 검색) 참조.

110

복음sub-gospel이 아니라 반反복음anti-gospel에 가깝다"면서 "성경을 번영을 위한 증거도구로 전락시킨다"라고 비판한 바 있습니다.‡

제가 보기에 이 책의 메시지는 기독교 신앙을 한낱 긍정적 사고/심리 위에 세워진 만사형통의 '마인드 컨트롤 종교'로 납작하게 찌그러뜨립니다. 모든 실패와 불행은 개인의 '부정적 사고/심리'에 있기에, 이 종교에서 예배하고 절해야 하는 신은 야훼 하나님이 아니라 개인의 '긍정적 사고/심리'일 따름입니다.

이런 식의 메시지는 한국 교회 강단에서도 적잖이 선포되어 왔습니다. "내게 능력 주시는 자 안에서 내가 모든 것을 할 수 있느니라I can do everything through him who gives me strength"(개역개정/NIV)라는 빌립보서 4장 13절 말씀을 '증거 본문proof-text'으로 내세워 만사형통이나 성공에 대한 믿음을 강조하는 경우가 대표적입니다. 이 구절의 앞뒤 문맥상 바울 사도가 말한 본뜻은 만사형통이나 성공이 아닌 '자족하는 능력'입니다.

---

‡ 〈미주 뉴스앤조이〉 2016년 10월 4일, "'조엘 오스틴'을 조심하라!", http://www.newsm.com/news/articleView.html?idxno=16786 (2021년 9월 23일 최종 검색)

그뿐 아닙니다. "무엇이든지 원하는 대로 구하라. 그리하면 이루리라"라는 요한복음 15장 7절을 예수님 말씀이라고 강조하면서 '하나님은 선하셔서 무엇이든 원하는 바를 구하면 이루어 주시지만 구하지 않으면 이루어 주시지 않는다'는 식으로 가르치는 경우도 마찬가지입니다. 이 구절 바로 앞의 "너희가 내 안에 거하고 내 말이 너희 안에 거하면If you remain in me and my words remain in you"(개역개정/NIV)이라는 조건절은 가볍게 무시하거나 외면합니다. 이런 식의 설교나 가르침은 하나님의 말씀을 왜곡하는 심각한 죄가 아닐 수 없습니다. 에덴동산에서 "선악을 알게 하는 나무의 열매는 먹지 말라. 네가 먹는 날에는 반드시 죽으리라"(창 2:17) 하신 하나님 말씀에 대해 '그 열매를 먹어도 결코 죽지 않을 것이고 하나님과 같이 될 것'(창 3:4-5)이라고 한 뱀의 경우처럼 말이지요.

◇ **성경관·성경 해석을 왜곡하는 거짓 선생들**

이런 설교와 가르침을 전하는 이들이 곧 베드로 사도가 '믿는 무리 가운데서 나타나리라'고 경고한 "거짓 선지자들false prophets"과 "거짓 선생들false teachers" 아닐는지요 (벧후 2:1). 베드로 사도는 이들이 성경 구절을 원래의 문맥에서 떼어 내 자기 뜻에 맞게 '제멋대로'(개역개정에는 "사사로이") 해석할 뿐 아니라(1:20), "탐욕에 빠져 그럴듯한 말로 여러분의 호주머니를 털어 갈 것"이라고 경고합니다(2:3, 새번역). (공동번역은 "그들은 탐욕을 채우려고 감언이설로 여러분을 속여 착취할 것"이라고 번역했다.)

이런 거짓 선지자들과 거짓 선생들의 가르침은 오늘날 기독교 텔레비전 '방송 설교'에도 등장합니다. 채영삼 백석대 신학대학원 교수는 《신적 성품과 거짓 가르침》에서 그들이 하는 설교의 특징을 다음과 같이 예리하게 분석합니다.

(1) 그들은 성경 본문을 읽고 그 말씀을 칭송한다. (2) 금방 그 본문을, 그 본문이 위치한 성경의 문맥에서 떼어 낸다. (3) 그리고 그 떼어 낸 말씀을 '자신이 정한 문맥' 속으로 옮겨 놓는다. (4) 그 '새로운 문맥'을 위해 또다시 다른 성경 구절들을 동원한다. 하지만 그렇게 따온 본문들도 원래의 문맥에서 떨어져 나온 경우가 대부분이다. (5) 성경 말씀들을 인용하는 것으로 청중이 안심할 즈음에, 자신이 원래 의도했던 '자신이

정한 문맥'의 그 핵심적 주제를 꺼내기 시작한다. 그 주제는 '자기 자신의 정욕'을 달성하는 데 기여하는 전략의 일부이다. (6) 여기쯤 오면 그의 설교는 '조작'이요 '정치'의 차원으로 떨어진다.[*]

'조작과 정치의 차원으로 떨어진 설교'라니. 매주 그것을 듣고 있다는 상상만으로도 소름이 돋습니다. 문제는 성경을 자기 의도에 맞춰 해석하고 하나님 말씀을 조작하는 수준의 설교임에도 회중들은 정서와 의지를 자극하는 '웅변적 화술'('그럴듯한 말', '감언이설')에서 나름의 감동과 열정을 경험한다는 것이지요. 이것이 거짓 선생들에게로 사람들이 몰려드는 이유가 아닐지 싶어 안타까움과 씁쓸함을 금할 길이 없습니다.

예수께서 설교하신 것은 하나님 나라 복음, 곧 하나님의 통치가 임한다는 기쁜 소식이었습니다.

주님의 영이 내게 내리셨다. 주님께서 내게 기름을 부으셔서, 가난한 사람에게 기쁜 소식을 전하게 하셨다. 주님께서 나를

[*]   채영삼, 《신적 성품과 거짓 가르침》(이레서원, 2017), 190-191쪽.

보내셔서, 포로 된 사람들에게 해방을 선포하고, 눈먼 사람들에게 눈 뜸을 선포하고, 억눌린 사람들을 풀어 주고, 주님의 은혜의 해를 선포하게 하셨다(눅 4:18-19, 새번역).

성경 어디에 예수께서 만사형통과 성공과 풍요의 복을 설교하셨다는 기록이 있는지 저는 알지 못합니다. 그런데 어찌 성경을 한낱 개인의 성공과 축복을 위한 자기계발서 수준으로 내동댕이치는 설교가 여전히 울려 퍼지고 계속 사람들을 불러 모으는 걸까요? 그러니 "존재가 아니라 소유를, 하나님 나라가 아니라 땅의 나라를, 영원이 아니라 찰나를 지향하는 것"이 오늘 우리의 설교 현실이라고 한 김영봉 목사의 진단에 동의할 수밖에 없습니다. 그는 말합니다.

설교가 복음을 제대로 담아내면 복음을 위한 희생에 열정이 생겨납니다. 고난의 비밀과 영광을 제대로 담아내야만 복음적 설교라고 할 수 있습니다. 축복과 번영만을 강조하고 개인적 행복에 몰두하게 하는 설교는 복음을 배반한 것입니다.[†]

2부 ◇ 나쁜 신학, 어긋난 목상

---

†   김영봉, 《설교자의 일주일》, 237쪽.

115

◇ 튼튼하고 균형 잡힌 '다리'를 찾아서

《존 스토트의 설교》에서 존 스토트는 설교를 '다리 놓기'에 견주어 설명합니다. 곧 설교란 '성경의 세계와 현대 세계 사이의 간극을 연결하는 다리를 놓는 작업'이라는 것이지요. 그러니 누구라도 설교를 하고자 한다면 성경을 연구하는 한편으로 세상에 대한 공부도 해야 할 것입니다.

그런데 성경과 세상 어느 한쪽도 소홀히 여기지 않으면서 양자 간의 틈을 연결하려는 설교자들은 주류가 아닌 듯합니다. 존 스토트가 보기에, 보수 신학을 따르는 설교자들은 성경과 세상 사이의 거대한 틈 이편, 곧 편안함과 안전함을 느끼는 성경의 세계에서만 살아가는 실수를 많이 합니다.

반면, 시대와 함께 움직이면서 설교의 기초를 동시대에 두는 설교자들은 불변하는 성경을 소홀히 여기는 실수를 합니다. 하여 존 스토트는 설교자들이 '말씀이 육신을 입고 1세기 팔레스타인의 유대인이 되신 성육신의 소통 모델'을 따라 '계시된 진리'[성경]와 '시대적 적실성'[세상] 어느 쪽도 잃지 않고 둘 사이의 협곡을 연결하려고 애써야 함을

116

강조합니다.[*]

　'설교는 성경과 세상 사이의 다리 놓기'라는 정의를 접하면서, 자연스레 '정치와 설교'라는 주제가 떠올랐습니다. 정치 이슈와 관련하여 한국 교회의 대다수 회중은 설교가 중립적이기를 바라는 것 같습니다. 그런데 한국 교회 안에서 흔히 정치적 중립 혹은 균형을 언급할 때는 '좌로나 우로나 치우치지 말라'는 성구가 꼭 따라 나옵니다. 제가 찾아본 바로는 구약 신명기에 다섯 번(2:27, 5:32, 17:11, 17:20, 28:14), 여호수아서에 두 번(1:7, 23:6), 잠언서에 한 번(4:27) 등장하는 이 구절은 항상 '하나님 말씀대로 행하라'는 명령과 연동되어 언급되고 독립 구절로는 나오지 않습니다. 이는 '좌로나 우로나 치우치지 말라'는 구절은 '하나님 말씀대로 살아가라'는 명령에 따라붙는 부속 구절(강조)로 읽어야 한다는 뜻입니다. 즉, '하나님 말씀을 지키면서 살아가되 결코 어느 쪽으로든 곁길[악의 길]로 벗어나지 말라'는 의미인 셈입니다. 이는 위 본문 여덟 군데를 찾아서 하나씩 찬찬히 읽어 보기만 해도 알 수 있습니다.

　설교 강단에서 '하나님 말씀의 길을 곧게 걸어가고(오

2부 ◇ 나쁜 신학, 어긋난 복음

[*]　　존 스토트·그레그 샤프, 박지우 옮김, 《존 스토트의 설교》(IVP, 2016), 79-81쪽 참조.

른쪽 왼쪽 어느 쪽으로든) 다른 길로 벗어나지 말라(치우치지 말라)'는 본래 구절 중 몸통은 떼어 버리고 꼬리만 열심히 흔들어 댄 결과, 설교자와 회중 모두 '좌로나 우로나 치우치지 말라'를 '중립'의 뜻을 지닌 몸통으로 받아들이게 되었습니다. 이 또한 대표적인 성경 구절 오독misreading이자 오용misusing 사례가 아닌가 합니다.

그러면 정치나 사회 문제와 관련하여 '설교의 중립'은 필요 없는 걸까요? 정치나 사회 문제를 다루거나 언급조차 하지 않는 게 설교의 중립일까요? 김영봉 목사는 우리의 신앙이 예배당에 국한되지 않고 구체적인 삶의 현장과 연관되기 때문에 신앙과 정치 문제는 분리할 수 없다고 말합니다. "가능한 한 중립적 입장에서 복음적 시각으로 정치 문제를 다뤄야 한다"는 것이지요. 물론, 설교자가 강단에서 특정 정파나 정치적 견해를 지지하는 일은 피해야 한다고 강조합니다.*

한편 빈곤, 양극화, 환경오염, 사형제도, 실업, 군비경쟁, 핵확산, 테러위협, 인종주의 등의 주제를 설교하는 건 어떨까요? 신앙적이거나 영적인 주제가 아니기에 설교자

---

*　　김영봉, 《설교자의 일주일》, 386, 390쪽 참조.

가 관심 갖거나 다룰 필요가 없을까요? 주일 예배 때 설교해서는 안 되는 걸까요? 존 스토트는 다르게 얘기합니다.

> 영적 주제에 집중한다고 이런 주제의 설교를 금하면 하나님이 오직 영적 문제에만 관심이 있으시고 자기 피조물의 안녕에는 관심이 없으신 것처럼 시사하게 됩니다. 영적 문제만 설교하는 것은 그리스도인의 신앙과 삶을 분리하는 행위입니다. 이는 곧 그리스도인을 현실 세계에서 물러서도록 부추기는 잘못을 저지르는 것이며, 종교는 사람들을 마취시켜 현 상태를 묵종하게 만드는 아편이라는 마르크스의 잘 알려진 비판에 근거를 제공하는 것입니다.[†]

매주 우리 귀에 들려오는 설교는 우리의 성경 읽기와 묵상에 어떤 도전과 유익을 끼치고 있는지요? 성경의 진리를 세상 속에서 성육신적으로 살아가도록 격려하고 있는지요? 행여라도 우리가 매주 들어 온 설교가 거짓 선지자들과 거짓 선생들의 가르침은 아닌지, 그로 인해 우리의 성경관과 성경 읽기와 묵상이 '새 예루살렘'을 향해 가는 길에

2부 ◇ 나쁜 신학, 어긋난 묵상

[†] 존 스토트·그레그 샤프, 《존 스토트의 설교》, 90쪽.

119

서 벗어나 '좌로나 우로나 치우쳐' 있지는 않은지 살펴볼
일입니다.

반쪽짜리 신앙인과
도피주의 신학

우리 사회에서 터진 각종 대형 비리마다 개신교인이 빠진 경우가 드물었습니다. 그때마다 언론에 흔히 등장하는 표현이 있지요.

"그는 독실한 기독교인으로 알려져 있다."

그 '독실한' 신앙인의 소속 교회 관계자나 지인이 인터뷰에서 자주 하는 말이 있습니다.

"그래도 그분이 신앙은 참 좋은 분입니다."

◇ **그래도 신앙은 참 좋은 분?**

지난 2015년 대형 방위사업 비리가 터져 나와 '국가 안보와 국민 생명을 위태롭게 하는 방산 비리를 엄단하라'는 여론이 들끓은 적이 있습니다. 방위사업비리 정부합동 수사단이 꾸려지고 대대적인 수사가 이뤄졌지요. 당시 비리에 연루된 주요 인사들 가운데에도 '독실한 기독교인'들이 빠지지 않았습니다.

유명 무기중개업체 A 회장은 성공한 기업인이자 교회 장로로, 신앙 간증이 크게 보도되기도 한 인물입니다. 당시 공군 훈련장비 도입과 관련하여 1,000억 원이 넘는 사기를 친 혐의로 체포되었고, 대법원에서 군납 사기혐의는 '증거 부족'으로 무죄를 선고받았으나 뇌물 공여와 회사 돈 횡령 혐의에는 유죄 선고가 내려졌지요.[*] 이 사건 이전에도 방위 사업 중개 수수료 수십억 원을 자신이 장로로 있는 교회를 통해 세탁하여 구속 기소된 적이 있으며,[†] 2016년 국세청

---

[*] 〈연합뉴스〉 2018년 7월 5일 치 온라인판, https://www.yna.co.kr/view/AKR2
0180705049000004?input=1179m (2021년 9월 24일 최종 검색)

[†] 〈서울신문〉 2015년 3월 12일 치 온라인판, https://www.seoul.co.kr/news/
newsView.php?id=20150312008010 (2021년 9월 24일 최종 검색)

의 고액 상습체납자 명단 공개 과정에서는 200억 원에 가까운 세금을 체납한 사실이 드러나기도 했습니다.

A 회장에 관한 기사를 찾아보면 '독실한 신앙인', '깊은 신앙심' 같은 표현이 눈에 띕니다. 물론 기사에 나오는 신앙이 독실하다, 신앙심이 깊다는 말은 '교회생활, 교회 내 활동을 열심히 한다'는 뜻으로 읽힙니다. 신앙생활이 교회를 넘어 모든 개인적이고 공적인 영역과 분야를 포괄하지 않는다고 애초부터 전제하는 것이지요. 과연 신앙이 독실하다는 게 교회생활이나 종교활동을 열심히 한다는 의미일까요? 그리 보자면, (사회 구성원이자 시민으로서 지켜야 할 공적 윤리나 공공선과 무관하게) '신앙 좋은' 기독교인들이 얼마나 많은지 모르겠습니다.

A 회장의 방산 비리 사건이 터진 그해에 B 전 해군참모총장이 거액의 뇌물을 받은 혐의로 체포된 후 1심에서 징역 10년의 중형을 선고받았다가 이후 대법원에서 징역 4년형이 확정되었습니다.[‡] '새벽형 지휘관으로 새벽기도를 빠뜨리지 않는' 독실한 기독교인으로 알려진 B 장로는 이미 수년 전에도 해군 복지기금을 횡령한 혐의로 기소된 전

‡   〈연합뉴스〉 2017년 4월 27일 치 온라인판, https://www.yna.co.kr/view/AKR 20170426175500004?input=1179m (2021년 9월 24일 최종 검색)

2부 ◇ 나쁜 신학, 어긋난 목상

력이 있습니다. 그는 해군참모총장 재직 당시 아들이 운영하는 회사를 통해 뇌물을 받았고, 결국 아들도 공범으로 유죄를 선고받았지요. 당시 판결 과정에서 재판부는 '공정성이 회복이 어려울 정도로 추락했다'고 밝히기도 했습니다.[*]

더 이상 '독실한 기독교인'들의 사회적 범죄와 비리를 나열하고 싶진 않습니다. 그저 묻고 싶습니다. 독실하다는 그들의 신앙은 '교회 내부용'인 걸까요? 교회 밖 세상, 더구나 국가 방위처럼 비할 바 없이 중요한 공공 영역에서 그 신앙의 힘은 왜 그토록 무기력하기만 했을까요? 보편적인 도덕 기준이나 윤리 수준에도 미치지 못한 그들 기독교인의 삶과 신앙은 원래부터 각기 분리되어 따로 작동하는 걸까요?

여기서 존 스토트의 '온전한 그리스도인whole Christian' 개념을 떠올리는 건 자연스러운 일일 겁니다.

---

[*] 〈국민일보〉 2015년 8월 13일 치 온라인판, http://news.kmib.co.kr/article/view.asp?arcid=0923198561&code=11131100&cp=du (2021년 9월 24일 최종 검색)

◇ '부분적' 신앙인과 도피주의 신학

존 스토트는 영국 케임브리지 대학을 나와 성공회 사제가 된 이래 일평생 독신으로 살면서 복음주의 학생운동의 리더로 헌신했습니다. 2005년 〈타임〉은 "전 세계 복음주의권의 위대한 대변인", "개신교계의 교황"으로 불린 그를 '세계에서 가장 영향력 있는 인물 100인'에 선정한 바 있습니다. 1993년 IVF(한국기독학생회) 전국대학생수련회 주강사로 방한했을 당시, 자신을 '엉클 존'이라고 불러 달라며 소탈한 모습으로 학생들과 만나 대화하는 시간을 따로 갖기도 했지요.

엉클 존은 개신교가 '개인 영성'에 지나치게 함몰됨으로써 사회적 책임을 소홀히 했다면서 사회적 양심과 사회의식을 지속적으로 강조했던 지도자입니다. 그랬기에 1974년 스위스 로잔에서 열린 세계복음화국제대회의 결과물로, 교회의 사회참여에 대한 행동 강령을 담은 〈로잔 언약〉을 입안한 것은 자연스러운 귀결이었습니다. 평생을 검소하게 살면서 제3세계 신학생들과 목회자들의 공부와 사역을 지원하고 격려하기도 한 그는, 지난 2011년 7월 27일 헨델의 메시아를 들으며 하나님 품에 안겼습니다.

《온전한 그리스도인》은 그가 1980년 영국에서 열린 '그리스도인 의대생을 위한 국제대회International Conference of Christian Medical Students'에서 행한 강연을 묶은 책으로, 유일하게 한국어판으로만 출간되었습니다. 이 책에서 스토트는 '온전한 그리스도인'이 되기 위해 인격, 소명, 참여, 윤리, 선교, 이 5가지 영역으로 부름 받은 그리스도인의 제자도를 간결 명료하게 풀어 줍니다.

온전한 그리스도인이란 예수 그리스도께 전적으로 헌신하는 사람을 의미한다. 그의 헌신은 부분적이지 않고 전체적이다.*

여기서 '부분적이지 않고 전체적인 헌신'이란 무엇을 의미하는 걸까요? '주일에는 그리스도인이고 평일에는 이방인'인 경우라면 어떤가요? '집에서는 그리스도인이고 직장에서는 이방인'인 사람은 또 어떤가요? 이들의 신앙은 부분적인가요, 아니면 전체적(온전한)인가요? 이들은 부분적 그리스도인, 곧 '반쪽짜리 신앙인'입니다. 이렇듯 교회에서는 '하나님', '주님 뜻'이라는 말을 입에 달고 살고, 직장이

*   존 스토트, 《온전한 그리스도인》(IVP, 2014), 9쪽.

나 가정에서는 자신의 욕망이나 맘몬(자본)의 뜻을 따르는 이들은 온전한 예배자인가요 맘몬 숭배자인가요? 우리 자신은 어느 쪽인가요?

이 책에서 존 스토트는 성경 교리와 하나님 상을 왜곡하거나 축소하여 자신들의 논리에 짜 맞추는 '도피주의 신학'의 문제를 지적합니다. 이 '도피주의 신학'은 한국 교회 안에 넓고도 깊게 뿌리내리고 있지 않나 싶습니다. 한국 교회의 도피주의 신학은 교회와 그리스도인이 세상 속에서 감당해야 하는 사회적 책임을 외면하거나, 공적 역할과 책임을 다하려는 것을 두고 '세속적', '정치적'이라고 공격하는 경향을 드러냅니다. 이에 대해 존 스토트는, 우리가 "교회 같은 종교적 건물, 예배나 기도 모임 같은 종교적 활동, 그리고 찬송가와 성경 같은 종교적 책들에만" 하나님의 주 관심사가 있다고 생각하기 때문에 하나님을 너무 종교적으로, 왜소한 분으로 만들어 버렸다고 지적합니다.

◇ **하나님 뜻과 생각에 우리를 일치시켜야**

앞서 언급한 A 회장이나 B 전 해군참모총장 모두 간

증이나 기사를 통해 신앙 좋은 독실한 기독교인으로 알려졌던 분들입니다. 그들이 성경을 읽고 묵상하고 기도하는 생활에 열심을 냈을 것으로 짐작하는 건 자연스러운 일입니다. 그런데 그들의 신앙은 왜 삶의 모든 영역에서 나타나는 '전체적 헌신'으로 이어지지 않고 교회와 종교 영역에서만 나타나는 '부분적 헌신'에 머물렀을까요?

그들은 신앙 영역과 세속 영역을 구분 짓고, 하나님의 통치 영역과 맘몬의 지배 구역을 분리하여 사고하는 이원론 신학에 갇혀 있었던 건 아닐는지요. 그리하여 온 우주의 창조주요 주인 되시는 하나님을 교회 같은 종교적 공간과 활동 범위 안으로만 축소해 버린 결과가 아니었을지요.

박대영 목사가 《묵상의 여정》에서, 자기 눈에 옳은 대로 행한 사사 시대의 이스라엘에 대해 지적한 내용이 비단 그들에게만 해당하는 것일까요?

그들은 … 하나님을 버린 것은 아니었다. 하나님도 섬겼고 바알도 섬겼으며 바알을 숭배하는 가나안 족속들을 쫓아내지 않았다. 하나님과 바알은 서로 관리하는 영역이 다르다고 생각함으로써 하나님의 영역을 자기 마음대로 축소시켜 버렸다. 하나님은 역사를 주장하고, 바알은 땅을 주관한다고 믿

었다. 바알은 땅의 번성을 약속하되 정의와 공의는 요구하지 않는다.[*]

성경 묵상은 시나이산 아래에서 모세를 기다리던 이스라엘 백성들처럼 "우리를 위하여 우리를 인도할 신"(출 32:23)을 불러내어 그 신에게 자기 욕망을 투영하는 시간이 아닙니다. 우리가 속하여 살아가는 세상과 사회의 공적 영역으로부터 등을 돌려 개인 관심사와 종교적 영역에만 집중하는 시간도 아닙니다. 성경 묵상은 개인 삶뿐 아니라 직장과 사회, 국가, 온 세상사에 관심이 있는 하나님의 마음과 관심에 우리의 마음과 관심을 일치시키는 일입니다. 하나님의 말씀을 우리 마음의 생각과 바람에 끼워 맞추는 시간이 아닙니다. "하나님의 말씀으로 내 마음의 생각과 뜻이 들키게 하는" 시간입니다.[†] 그리할 때 우리의 묵상이 온전해지고, 신앙 또한 반쪽짜리가 아닌 '온전한' 신앙에 조금 더 가까워질 수 있을 터입니다. 하여 묵상하기 전 오늘도 기도합니다.

"성삼위 하나님, 당신이 제 인생과 이 사회와 온 세계

[*]   박대영, 《묵상의 여정》(성서유니온선교회, 2013), 366쪽.
[†]   박대영, 《묵상의 여정》, 388쪽.

의 창조주이심을 바로 알게 하소서. 제 삶과 이 사회와 온 세상을 향한 당신의 뜻과 생각에 제 뜻과 생각, 삶이 일치 되게 하소서."

영에 속한 묵상,
육에 속한 묵상

◇ **고통 속에서 1,000일째 부르는 하나님**

"매일 아침마다 그렇게 기도해요. 하나님, 왜 저예요? 하나님, 왜 우리 다윤이에요? 저는 하나님 뜻이 뭔지 잘 모르겠어요. 그래도 무슨 뜻이 있으시겠지요. 여기서는 교회도 잘 못 나가요. 그냥 이렇게 하나님 부르면서 기도하는 게 다예요. 아직도 저 차가운 맹골수도에 가라앉아 있는 미수습자 아홉 명을 하루빨리 건져 달라고, 그래서 모두 가족을 만나게 해 달라고 기도하는 거지요."

131

세월호 참사 1,000일을 한 주 앞둔 지난 2017년 1월 3일, 진도 팽목항 세월호 가족휴게소에서 만난 다윤이 어머니 박은미 씨의 낮게 울먹이던 목소리가 지금도 귓가에 쟁쟁합니다. 자신이 병원에 있을 때 세월호 참사가 일어났다는 다윤이 어머니는, 병색이 완연한 얼굴에 기가 다 빠져나간 듯한 목소리로 말을 이어 갔지요.

"저는 하나님이 이 세상에서 가장 아파하고 고통받는 곳에 계신다고 믿어요. 그래서 저는 하나님이 지금도 저 차디찬 바닷속에서 나오지 못하는 우리 아이들과 함께 계실 거라 믿어요."

침몰해 가는 배를 구조하지 않은 하나님을 원망하다 못해 이젠 저주할 줄 알았습니다. 우는 자들과 함께 울 줄도, 위로할 줄도 모르는 교회를 욕하다 이젠 등진 지 오래일 줄 알았습니다. 그런데 아직도 하나님을 찾고, 부르고, 기다리고 있었습니다. 세월호 희생자 304명 중 295명이 가족 품으로 돌아왔기에 그 가족들은 '유가족'으로 장례를 치르고 가슴 아픈 추모의 날들을 보내던 때였습니다. 그러나 당시 '미수습자' 9명은 여전히 '실종' 상태여서 장례를 치르지도, 추모의 시간을 보내지도 못한 채 그날도 찬바람 부는 팽목항 임시 거처에서 애타게, 애타게 '제발 우리도 유가족이 되게 해 달라'며 세월호 인양을 기다리고 있었습니다.

인터뷰*가 끝날 즈음, 다윤이 어머니는 당부하고 또 당부했습니다.

"기자님도 결혼하셨지요? 자녀들은 있나요? 그러시다면 어머니의 마음, 아버지의 마음으로 기사를 써 주세요. 그리고 기도해 주세요. 인양 작업이 순조롭게 되려면 날씨가 좋아야 하는데 … 그래서 하루빨리 우리 아이들을 만날 수 있게, 미수습자들이 모두 가족 품으로 돌아갈 수 있게 기도를 부탁드립니다."

저마다 겪는 개별적이고도 주관적인 고통의 크기를 어찌 계량화할 수 있겠습니까. 세월호 참사 희생자 가족 가운데 단장斷腸의 슬픔을 겪지 않은 이가 있을까요. 그럼에도 드센 겨울바람 부는 팽목항을 떠나지 못하고 남은 흔적

* 이 인터뷰는 2017년 1월 3일 진도 팽목항 현지에서 이뤄졌으며, 단원고 2학년 고 허다윤 학생의 어머니 박은미 씨와 고 조은화 학생의 어머니 이금화 씨 이야기는 〈복음과상황〉 2017년 2월호에 실렸습니다. 2017년 3월 22일 세월호 시험 인양이 시작되어 4월 11일 참사 1,091일 만에 인양 작업이 최종 완료되었으며, 5월 19일 DNA 검사를 거친 3층 객실칸 유골의 신원이 허다윤 양으로 확인되었습니다. (조은화 양은 5월 25일 신원 확인.) 그러나 미수습자 9명 중 5명, 박영인·남현철 학생, 양승진 교사, 권재근·권혁규 부자는 그해 11월 20일 결국 유골 없이 빈 관으로 장례식을 치렀습니다. 참사가 일어난 지 9년차인 2022년 2월 이 시점까지도, 진실은 아직 인양되지 않았습니다.

이라도 찾을 희망으로 하루하루 기도하며 버티는 미수습자 가족들의 고통은 다른 무게와 크기로 다가왔습니다. 그 인터뷰 이후 묵상 시간마다 다윤이 어머니의 당부를 되새기곤 했습니다.

'자비하신 주님, 세월호 인양 작업이 순조롭도록 날씨를 주관해 주시고, 온전한 인양이 속히 이뤄지게 도와주십시오. 여전히 바닷속에 있는 세월호 미수습자 9명, 조은화·허다윤·남현철·박영인 학생, 고창석·양승진 교사, 권재근·권혁규 부자, 이영숙 님이 하루속히 가족의 품으로 돌아오게 해 주십시오.'

◇ 기독교적인 것, 영적인 것을 경계하라

심플웨이 공동체 리더 쉐인 클레어본은 《믿음은 행동이 증명한다》에서 청소년기에 신앙생활을 열심히 하다가 오히려 '영적 기아' 상태에 빠졌던 이야기를 들려줍니다.

나는 기독교적인 것들로 피둥피둥 살이 쪘지만 영적으로 영양실조에 걸려 있었고, 기독교적인 것들에 짓눌려 있었지만

여전히 하나님을 배고파했다.[*]

신앙적 고민을 해결하려 기독교 영화와 음악, 경건서적 등 '기독교적인 것들'에 몰두했으나 오히려 영적 굶주림에 빠져 허덕였다는 거지요. 그의 고백은 《스크루테이프의 편지》에 나오는 악마 스크루테이프의 말과 묘하게 겹쳐 읽힙니다.

신앙이 있어야 할 자리에 무언가 기독교적 색채를 띤 유행을 들어앉히거라.[†]

노련한 고참 악마 스크루테이프가 신참내기 웜우드에게 인간을 유혹하는 방법을 조언하는 편지 31통으로 이뤄진 이 책에서 악마들은 자신이 담당한 인간을 '환자'로, 예수 그리스도를 '원수'로 부릅니다. 스크루테이프는 웜우드에게 '기독교적 색채'를 이용해 환자가 거짓 영성을 추구하게 하여 "무언가 다른" 그리스도인으로 만들어야 한다고 강조합니다.

[*]   쉐인 클레어본, 《믿음은 행동이 증명한다》(아바서원, 2013), 41쪽.
[†]   C. S. 루이스, 김선형 옮김, 《스크루테이프의 편지》(홍성사, 2000), 144쪽.

2부 ◇ 나쁜 신학, 어긋난 목양

거짓 영성은 어떤 경우에든 부추길 만한 것이다. 인간들은 '하나님을 찬양하고 그분과 영적 교제를 나누는 것이 진정한 기도'라는 겉보기에만 경건한 근거에 속아 넘어가, 일용할 양식과 아픈 이웃들을 위해 기도하라는 원수의 분명한 명령(그 작자 특유의 단조롭고 진부하고 재밌대가리 없는 방식으로 내린 명령)을 정면으로 거스를 때가 많단다.[*]

이는 흔히 '경건' 또는 '영성spirituality'을 일상생활 및 사회적 영역("일용할 양식과 아픈 이웃")과 별개로 구분하는 위험에 대한 경고인 셈입니다. 달리 말하면, 기도는 본래 '무릎을 꿇는' 육체의 자세와 연관이 있기에 '막연히 경건한 기분'을 만들어 내려고 애쓰는 건 거짓 영성이며 기독교가 아닌 기독교적 색채에 집중하는 격이라는 거지요.

쉐인 클레어본은 《믿음은 행동이 증명한다》에서 영적인 것은 결코 사회적·정치적인 것과 분리될 수 없다고 강조합니다. 아울러 수많은 그리스도인들이 사회적·정치적 문제에 아무런 영적 의미가 없다는 듯, 하나님이 세상을 향해 아무 비전도 갖고 계시지 않다는 듯 양자를 철저히 분리

[*]   C. S. 루이스, 《스크루테이프의 편지》, 157쪽.

하는 것은 교회가 이원론에 심각하게 오염된 결과라고 지적합니다.

◇　**'성령의 사람' 대천덕 신부의 사회적 영성**

　　예수원 설립자 대천덕 신부(R. A. Torrey, 1918-2002)에 대해 들어 보셨는지요? 한국 교회 안에서 성령 운동을 이끈 훌륭한 본보기로 저는 대 신부님을 꼽습니다. 르우벤 아처 토리 3세가 본명인 대 신부님은 미국 장로교 선교사의 아들로 중국에서 태어나 중국과 평양에서 어린 시절을 보내고, 나중에 성공회 사제가 되어 성 미가엘 신학원(현 성공회대학교)의 재건을 위해 1957년 한국을 다시 찾아옵니다. 1964년까지 학장으로 일한 뒤 이듬해 강원도 태백 산골짜기에 초대교회의 본을 따르는 수도공동체 '예수원Jesus Abbey'을 세우고 성령 운동의 한 영역으로 토지정의 운동, 통일 운동 같은 사회운동을 지속적으로 펼쳤습니다.

　　밴쿠버기독교세계관대학원VIEW 설립자요 원장을 역임한 양승훈 교수는 대 신부님을 이렇게 소개합니다.

신부님은 성령의 사람이었습니다. 신부님은 온전한 성령 운동을 제창하셨고, 이를 몸소 실천하였습니다. 현대의 성령 운동이 사회적 책임을 외면하는 경향이 있었던 데 반해, 신부님의 성령 운동은 성경적 토지 운동을 비롯하여 반낙태 운동, 환경 운동, 빈곤퇴치 운동 등 다양한 사회적 이슈에 대해 침묵하지 않았습니다. 일반적으로 사회운동을 하는 사람들은 성령과 기도가 부족하고, 성령 운동을 하는 사람들은 사회적 관심이 부족한데 이 두 가지를 하나로 묶으신 것입니다.[*]

'성령'과 '사회정의'가 결코 분리되지 않으며 오히려 사회문제 해결을 위해 성령의 도우심을 구해야 한다는 신부님의 가르침은, 이원론 신학에 익숙해 있던 제겐 신선한 충격이었습니다. 깊은 관심을 가지고 성령을 추구한 만큼이나 사회문제에도 관심이 많았던 그는 실상 자신이 "성령을 구하는 주요 이유들 중 하나는 바로 우리가 국가와 사회에 대한 하나님의 뜻을 아는 지혜를 얻기 위함"이라고 했지요.

대천덕 신부님은 성경적 경제원리, 사회정의, 통일, 노

[*]   대천덕, 《대천덕 신부의 하나님 나라》(CUP, 2016), 11-12쪽.

동윤리, 토지제도 등에 지속적인 관심을 쏟았고 책을 쓰기도 했습니다. 《대천덕 신부의 통일을 위한 코이노니아》, 《대천덕 신부가 말하는 토지와 경제정의》 등이 좋은 예입니다. 절판되어 아쉽던 《신학과 사회에 대한 성경의 가르침》은 《대천덕 신부의 하나님 나라》로 개정되어 나왔는데, 성경적 정치·경제 원리와 빈곤·토지 문제 등을 신학적으로 들여다봅니다. 이 책에서 그는 "[교회가] 사회의 제반 문제들을 소홀히 하게 된 것은 바로 미성숙한 신학 때문"이라고 말합니다.

대 신부님이 말하는 미성숙한 신학은 '불완전한 신학'으로, 기복 신학과 아편 신학, 해방 없는 신학, 성령 없는 해방신학 등이 있습니다. 복을 구하고 받는 것만 강조하는 신학이나 자기부인과 이웃에 대한 책임을 말하지 않고 자기 문제 해결이나 세속적인 기쁨을 강조하는 아편 신학은 모두 미성숙합니다. 사회나 윤리 문제에는 도무지 관심이 없고 성령만 강조하는 신학이나, 성령을 무시하고 가난한 사람들의 해방만 강조하는 신학 역시 마찬가지입니다.

그는 이런 미성숙한 신학이 나온 원인으로 잘못된 성경 번역, 균형 잡히지 않은 찬송가 문제 등을 언급하는데 간략히 소개하면 이렇습니다. 가장 대표적으로 '복음福音'

은 '기쁜 소식'을 뜻하는 원어의 오역으로, '복'이라는 말 자체가 이교도적이고 자아중심적인 개념으로 샤머니즘과 연결된다는 거지요. 그래서 제가 아는 어떤 신학자도 복음을 기쁜 소식이라는 뜻의 '희음喜音'으로 바꾸어 써야 한다고 얘기합니다. 찬송가와 관련해서 대 신부님은, 과거 서양 교회와 수도원에서는 가난한 사람들의 외침, 불의와 정의, 정치와 경제 문제가 두루 나오는 시편을 찬송으로 사용했는데, 지금 부르는 찬송가는 회심, 성령충만, 은혜의 감격 등의 내용만 주로 담고 있다고 합니다. 그렇기에 "현대 찬송가는 내용이 너무 부족해서 성숙한 신학이 나올 수 없습니다"라고 지적합니다.

날마다 '경건의 시간'을 어김없이 지키고 있지만 정작 이웃의 고통이 도무지 느껴지지 않고 묵상도 되지 않는다면, 스스로 자신의 신앙이 얼마나 성숙해 있는지 돌아보면 어떨지요. 혼자 점검하기 어렵다면 지혜롭고 신뢰할 만한 리더나 지도자를 찾아가 대화를 나눠 보는 것도 좋겠습니다.

이웃의 고통과 눈물에는 무관심한 채 자기 인생이 복 받고 축복으로 가득 차기를 바라는 신앙인이 있다면, "육에 속한 자"(유 1:19), 곧 "성령을 받지 않고 본능대로 사는 사람"(유 1:19, 새번역)이라고 할 수 있을 것입니다. 하나님의 진리를 옳게 경험하여 '영에 속한' 신앙생활, 성령 안에서 묵상과 일상을 이어 가는 신앙인이라면, 말로 할 수 없는 깊은 탄식으로 우리의 연약함을 위해 대신 간구하시는(롬 8:26) 성령의 마음을 손톱만큼이라도 품어야 하지 않을는지요.

하나님의 진리는 사람을 아프게 합니다. 고통을 느끼게 합니다. 왜 그렇습니까? 그것은 비록 지금 내게 고통이 없더라도 고통받고 있는 이들의 고통을 나도 져야 하며, 그 고통에 동참해야 하기 때문입니다.*

* 대천덕, 《대천덕 신부의 하나님 나라》, 41-42쪽.

3부

나를 넘어서는 묵상

묵상과
일기

◇ **헨리 나우웬의 영성과 '제네시 일기'**

　　러시아의 노벨문학상 수상작가 알렉산드르 솔제니친은 "우리가 이 세상에 존재하는 의미는, 흔히 생각하듯, 번영에 있는 것이 아니라 영혼의 발전에 있다"라고 했습니다. 그가 말한 '영혼의 발전'을 위한 기본적이고도 중요한 일상 활동으로 저는 성경 묵상과 함께 '일기 쓰기'를 꼽습니다.

　　미국 IVF 캠퍼스 사역자 출신의 영성 훈련 지도자 애들 알버그 칼훈은 일기 쓰기를 영성 훈련의 하나로 소개합니다. "우리의 인생에 주의를 기울이는 방식 중 하나"인 일기 쓰기가 "매일의 생활에서 하나님의 임재, 인도 그리고 양육을 성찰하는 도구"라는 거지요.[*]

　일생 동안 일기 쓰기를 통해 영적 각성과 성장을 이루어 간 인물 가운데 저는 헨리 나우웬과 데이비드 브레이너드, 그리고 존 울만을 말씀드리고 싶습니다.

　가톨릭 영성가요 성직자로서 헨리 나우웬(Henri Nouwen, 1932-1996)만큼 한국 개신교계에서 널리 읽힌 작가도 드물 것입니다. 저서 상당수가 개신교 출판사에서도 번역 출간되어 베스트셀러에 오르기도 했고, 여전히 많은 이들에게 읽히고 있습니다. 그중 《제네시 일기》는 그가 미국 뉴욕주 북부 제네시의 수도원에서 지낸 7개월의 기록입니다.

　1974년 6월 2일부터 그해 12월 25일까지의 일기에는 자신의 자아와 욕망, 영성에 대한 성찰뿐 아니라, 박해당하는 타 종교인들을 향한 연대의식, 남미 독재정권의 폭정 아래서 신음하는 이들에 대한 연민과 기도, 심지어 한반도의 적대적 갈등 상황에 대한 관심까지 두루 담겨 있습니다.

[*]　애들 알버그 칼훈, 양혜원·노종문 옮김, 《영성 훈련 핸드북》(IVP, 2007), 90-91쪽.

6월 8일, 토요일. … 노동을 대하는 마음가짐을 면밀히 점검해 보는 게 좋겠다. 금주에 배운 게 있다면 내게는 기도나 독서, 찬양보다 노동이 더 중요한 묵상 방법이 될 수 있다는 점이다. 수도원에 들어간다면 십중팔구는 기도하러 간다고 생각한다. 틀린 얘기는 아니다. 이번 주에 그 어느 때보다 많은 기도를 드렸다. 하지만 손을 쓰는 노동을 기도로 끌어올리는 법을 배워야 함을 깨달은 것 역시 엄연한 사실이다.[*]

7월 1일, 월요일. … 오늘은 입대를 거부하다 감옥에 갇힌 채 단식투쟁에 들어간 불교승려들과 연대하기 위해 금식을 했다. 존 유드를 비롯해서 여러 수도사들은 진즉에 항의전문을 발송했다. 당국에서는 승려들을 석방하겠다고 약속했다. 하지만 실제로는 여러 교도소로 분산 배치하는 조처를 취했을 뿐이었다. 승려들이 뿔뿔이 흩어져 갇혀 있는 탓에 과연 단식에 들어간다는 계획에 변함이 없는지 지금으로서는 알 길이 없었다. … 하지만 우리는 거기에 개의치 않고 단식을 결행하기로 했다. 덕분에 한 하늘 아래 사는 다른 수도자들이 겪고 있는 커다란 고통을 더욱 깊이 실감할 수 있었다.[†]

[*] 헨리 나우웬, 최종훈 옮김, 《제네시 일기》(포이에마, 2010), 35-36쪽.
[†] 헨리 나우웬, 《제네시 일기》, 71-72쪽.

146

나우웬은 발달장애인 공동체인 라르쉬 데이브레이크 L'Arche Daybreak에서 장애인들과 더불어 살아가다 심장마비로 타계하기까지, 일평생 '상처 입은 치유자'의 삶을 살았습니다. 《묵상과 일상》을 쓴 김병년 목사는 "진정한 경건은 세 가지 방향으로 드러난다. 위로는 하나님을 향한 기도… 밖으로는 인류를 향한 사랑… 안으로는 자기를 향한 부인"이라고 했습니다.[‡] 이에 비춰 볼 때, 나우웬 신부는 참된 경건의 신앙인이었다 할 만합니다.

이와 같은 참된 경건의 표지를 지닌 이를 찾는다면, 앞에 언급한 18세기의 그리스도인 데이비드 브레이너드와 존 울만이 떠오릅니다.

◇ 인디언 선교사와 노예 해방 운동가의 일기

존 웨슬리가 '모든 설교자들이 그의 일기를 세밀히 읽어야 한다'고 강조한 바 있는 데이비드 브레이너드(David Brainerd, 1718-1747)는 '북아메리카 인디언 선교의 개척자'로

---

‡   김병년, 《아빠는 왜 그렇게 살아?》(비아토르, 2017), 177쪽.

불립니다. 이 땅에서 29년 동안 짧고 뜨겁게 살다간 기록을 담은 《데이비드 브레이너드 생애와 일기》에는 자신에 대한 낙담과 고뇌, 끊임없는 기도생활, 하나님을 향한 열망이 곳곳에 나타납니다. 이 책을 엮은 조나단 에드워즈에 따르면, 브레이너드는 "천성적으로 우울과 낙담에 빠지기 일쑤"였고 우울증에도 시달렸습니다. 그는 연약하여 낙담할 때마다 일기를 쓰면서 자신을 직면하며 하나님의 임재를 성찰하려 애썼고, 그로써 소명의 삶으로 다시금 걸음을 내딛곤 했습니다.

1743년 3월 19일. 나 자신이 너무나 무지하고 암담하며 무가치하다는 생각으로 비통해졌다. 홀로 하나님을 바라보며 하나님께 영혼의 비통함을 쏟아 기도하였다.[*]

1743년 4월 7일. 나 자신이 너무도 어리석고, 연약하고, 의지력도 없고, 무가치하여, 내 사역을 감당하기에는 도무지 격에 맞지 않음을 발견했다. 내가 인디언 틈에서 어떤 봉사를 한다거나, 어떤 일을 성공적으로 해내는 것은 절대로 불가능한 것

[*]   조나단 에드워즈, 윤기향 옮김, 《데이비드 브레이너드 생애와 일기》(크리스챤다이제스트, 1995), 60쪽.

처럼 여겨졌다. 내 영혼은 내 생활에 진력이 나 있었다. 차라리 죽는 게 훨씬 속이 편할 것 같았다. … 주님, 저로 당신 곁에 있게 하소서.[†]

1746년 8월 31일, 주일. 아침에 오랫동안 경건의 시간을 가졌다. 마음이 무겁게 짓눌려 있음을 깨닫고 … 하나님께 울부짖을 수밖에 없었다. … 밤이 되자 마음이 어느 정도 새로워졌다. 내가 감당해야 할 중요한 일을 이모저모로 살펴보았다. 능하신 주님의 손에 붙들려 있지 못할 때 내가 감당할 일은 얼마나 벅찬 일인가![‡]

앞서 말한 나우웬과 브레이너드와 달리 울만은 한국 개신교에는 생소한 인물입니다. 18세기 퀘이커 신자인 존 울만(John Woolman, 1720-1772)은 미국 최초의 노예제도 반대론자 중 한 명으로 알려져 있습니다. 개신교 교파 중 하나인 퀘이커의 순회 전도자로 활동한 그는 노예제를 반대하는 글을 많이 썼으며, 동물학대와 경제적 불의를 비판하는 등 사회개혁에도 앞장선 인물입니다. 미국 일기문학의

[†]   조나단 에드워즈, 《데이비드 브레이너드 생애와 일기》, 61쪽.
[‡]   조나단 에드워즈, 《데이비드 브레이너드 생애와 일기》, 215쪽.

고전으로 꼽힌다는 《존 울만의 일기Journal of John Woolman》는 그의 사후에 출판되었는데, 역사적인 인문 고전 선집인 '하버드 클래식'(총 51권) 첫 권에 《벤자민 프랭클린 자서전》과 함께 실려 있습니다.*

울만에 관한 이야기는 미국 영성 훈련 지도자 헬렌 세페로의 《내 영혼을 위한 일기 쓰기》에 일부 소개되어 있습니다.† 원래 울만은 노예를 거느린 농장주였는데, '흑인 노예 문제'에 대해 고민하던 중 자식들에게 노예를 상속하는 유언장을 쓰지 않기로 결심합니다. (당시 흑인 노예는 상속 가능한 재산이었습니다.) 그는 어느 날 잠에서 깨어난 순간 밝은 '내면의 빛Inner light'이 비치더니 '거룩하신 그분'의 말이 자신의 존재를 채우는 경험을 합니다. 그 후 그 밝은 내면의 빛이 자신뿐 아니라 사람들마다 있으며 흑인 노예들에게도 있다는 확신을 갖게 되지요.

이날의 깨달음을 울만은 고스란히 일기로 기록합니다. 이후 남부의 농장들을 순회하면서 흑인 노예를 소유한

---

* Wikipedia, "John Woolman", https://en.wikipedia.org/wiki/John_Woolman, (2021년 9월 22일 최종 검색), "Harvard Classics" https://en.wikipedia.org/wiki/Harvard_Classics (2021년 9월 22일 최종 검색) 참조.

† 헬렌 세페로, 김성녀 옮김, 《내 영혼을 위한 일기 쓰기》(IVP, 2014), 39-40쪽 참조.

퀘이커 농장주들을 일일이 만나 조심스럽고도 사려 깊게 '노예 소유가 성경의 가르침에 어긋난다'는 점을 말하면서 그들을 설득합니다. 그리하여 그가 세상을 떠날 즈음에는 흑인 노예를 소유한 퀘이커 신도가 미국 남부에 한 명도 없었다고 합니다. 그뿐 아니라 이후 퀘이커 신도들은 열렬한 노예 해방 운동가가 됩니다. 그들은 도망 다니는 노예들을 피신시키던 '지하 철도Underground Railroad'라고 불리던 도피처로 자신들의 집을 내놓습니다. 지난 2016년 4월 20일 미국 재무부가 20달러 지폐 앞면을 제7대 대통령 앤드루 잭슨에서 인권 운동가 해리엇 터브먼(Harriet Tubman, 1822-1913)으로 바꾼다고 발표하여 화제가 되었는데, 이 해리엇 터브먼이 바로 퀘이커 신도들의 '지하 철도'를 통해 탈출한 흑인 여성노예였습니다.[†]

헬렌 세페로에 따르면, 일기 쓰기는 내적 침잠과 묵상을 강조하는 퀘이커 신자들에게 특히 중요한 영성 훈련이었으며, "자아 성찰과 감사, 그리고 궁극적으로는 자아 초월을 이룩하는 방편"이었습니다. 또한 자아 성찰과 자아 초월을 넘어 사회개혁을 위한 실천으로 나아가는 통로가 되

[†]   Wikipedia, "Harriet Tubman", https://en.wikipedia.org/wiki/Harriet_Tubman (2021년 9월 22일 최종 검색) 참조.

기도 했습니다. 이 같은 사실을 세페로는 아래와 같이 간단
히 짚어 줍니다.

울만의 신앙과 믿음이 잘 적혀 있던 일기장이야말로, 남부 퀘
이커 교도들이 노예를 해방시키는 훌륭한 운동의 시발점이
되었다.[*]

◇ **자신을 넘어 '하나님의 마음을 품는' 일기 쓰기**

장 칼뱅은 "자아에 대한 깊은 지식 없이는 하나님에
대한 깊은 지식도 없고, 하나님을 깊이 알지 않고서는 자아
를 깊이 알 수가 없다"라고 했습니다.[†] 그런 점에서 헬렌 세
페로가 말한 바 "우리 자신을 스스로 해석"하는 통로가 되
는 일기 쓰기는, '자아에 대한 지식'을 깊게 하고 '영혼의 발
전'에 기여하는 '거룩한 습관'이 아닐 수 없습니다.

문제는 이 거룩한 습관을 어떻게 들이느냐 하는 것이
겠지요. 묵상하기도 바쁜데 일기까지 언제 쓰겠느냐는 반

---

[*] 헬렌 세페로, 《내 영혼을 위한 일기 쓰기》, 40쪽.

[†] 헬렌 세페로, 《내 영혼을 위한 일기 쓰기》, 39쪽에서 재인용.

문은 현대인의 삶에서 지극히 현실적인 고민입니다. 중3 무렵부터 일기를 써 온 제 경험으로는 '매일' 써야 한다는 부담에서 자유로운 것이 중요하다고 봅니다. 한 주 또는 한 달 사이에 일어난 주요 사건이나 경험, 인상 깊은 일을 드문드문이라도 써 보는 것이지요. 저는 독서 중에 맞닥뜨린 문장이나 단락, 아니면 성경 묵상 중 가슴에 와닿은 구절을 옮겨 적기도 합니다. 이때 가까이에 일기장이 없다면, 평소 사용하는 다이어리나 수첩, 아니면 메모지에 일단 쓴 뒤 일기장에 옮겨 붙이기도 합니다. 이렇게 일기를 남기다 보면, 그 과정에서 자연스레 기도가 따라오곤 합니다.

애들 알버그 칼훈은 영성 훈련으로서 일기를 쓰는 구체적인 방법을 이렇게 제안합니다.

> 잡지나 신문을 읽을 때 마음에 와닿는 기사나 사진을 오려 일기에 붙여 놓으라. 이렇게 스크랩한 것을 활용하여 이 세상을 돌보시는 하나님의 일에 기도로 동참하라.[†]

이는 평소 구독하는 신문이나 잡지에 나온 고난받는

† 애들 알버그 칼훈, 《영성 훈련 핸드북》, 93쪽.

이웃과 세계를 향한 관심과 기도를 일기로 담아 낸 헨리 나우웬처럼, 우리가 속한 사회와 세계와 인류를 마음에 품는 좋은 방법일 것입니다.

제 경우를 돌아보면, 주로 내면의 기록이었던 일기가 회심 이후 개인과 사회문제에 관한 기도로 자주 채워졌던 기억이 떠오릅니다. 아직도 보관 중인 당시 일기장을 펴 보면 개인적이거나 공적인 기도를 담은 내용을 어렵잖게 찾을 수 있습니다.

1997. 3. 23. PM 11:00-. 하나님, 제가 정말 이기고 싶은 건 다른 그 무엇이 아닙니다. 제가 정말로 싸워 넘어서고 싶은 건 바깥에 있는 어떤 존재가 아닙니다. 그건 바로 저 자신입니다. 제 안에 도사린 모든 가시들—모든 나약함들, 모든 자기 연민의 감정들, 모든 왜소한 모습과 의식의 조각들, 모든 자기 체념과 좌절들, 모든 이기심과 그릇된 욕망들…—을 이겨 내고 싶습니다. … 그리고 참된 사랑으로 나 자신을 따뜻이 껴안고 격려하고 싶습니다.

1998. 8. 6. 수도권 일대 물난리, 저녁 9시 뉴스. 사망자, 실종자가 합쳐서 200여 명에 이르고, 경기권 일대(강화, 문산, 금촌,

파주, 동두천, 의정부 등)가 수몰되거나 수해를 크게 입은 광경들이 연신 TV화면에 비치고. … 귀중한 삶의 터전을 잃은 사람들, 사랑하는 이를 다시는 만질 수도, 안을 수도 없게 된 사람들…. 주여, 그들을 불쌍히 여기소서.

지금은 대학 시절만큼 일기를 자주 쓰지는 않습니다. 그리고 해마다 바꿔 쓰는 아날로그식 다이어리를 일기장 대신 사용하기도 하는데, 2020년 다이어리 맨 앞장에는 미국 소설가 플래너리 오코너의 기도문 한 구절을 그대로 옮겨 써 놓고 자주 기도했지요.

기독교의 원칙들이 제 글에 스며들게 해 주시고 제 글이 충분히 출판되어서 기독교의 원칙들이 세상에 스며들게 해 주십시오.[*]

같은 해 4월 26일 빈 칸에는 "4·27 판문점 선언 2주년이 되는 이 시점에 한반도의 평화 체제는 아직도 멀기만 해 보입니다. 이 땅에 견고하고 되돌릴 수 없는 영구한 평

---

[*]   플래너리 오코너, 양혜원 옮김, 《플래너리 오코너의 기도 일기》(IVP, 2019), 23쪽.

화 체제가 정착되는 그날이 속히 오게 하소서"라는 기도문
이 적혀 있습니다.

풀리처상 수상작가 프랭크 매코트는 일기를 "자신과
소통할 수 있는 가장 효과적인 수단"이라고 했다지요. 저
는 한 걸음 더 나아가, 자기 자신을 넘어 이 시대와 역사 가
운데 일하시는 하나님과 소통하고 그분의 마음을 품는 중
요한 수단으로 일기 쓰기를 권하고 싶습니다.

아인퓔룽,
체휼 그리고 성경 묵상

◇ 아인퓔룽, 공감, 역지사지

호모 엠파티쿠스*Homo empathicus*는 '공감하는 인간'이라
는 뜻입니다. 미래학자 제러미 리프킨의 《공감의 시대》에
나오는 말로, 심리학자 칼 로저스식으로 풀면 이렇습니다.

어떤 사람이 누군가가 자신의 말을 성의껏 들어 준다는 것을
알게 되면 당장 눈가가 촉촉해진다. 다름 아닌 기쁨의 눈물이
다. 그는 속으로 생각한다. "하나님, 감사합니다. 내 말을 들어

157

주는 사람이 다 있군요. 이 사람은 마치 내 입장에서 본 사람 같습니다."[*]

공감은 영어로 'empathy'인데, 어원상으로는 '다른 사람의 고통 안에 머문다'는 의미라고 합니다. 예술 작품을 감상하고 즐기는 원리를 설명하는 미학 용어인 독일어 '아인퓔룽(*Einfühlung*, 감정이입)'을 미국의 심리학자 E. B. 티치너가 1909년에 영어로 옮긴 말이라는군요. 공감과 관련하여, 내담자 중심 상담요법의 창시자 칼 로저스는 '인간은 타인의 감정을 마치 자신의 것인 양 적극적으로 경험하는 존재'라고 한 바 있습니다. 독일의 철학자이자 역사가 빌헬름 딜타이는 공감을 '다른 사람의 입장이 되어 그들이 어떻게 느끼고 생각하는지 이해하는 것'이라고 보았습니다.[†]

해박한 과학지식을 바탕으로 쓴 소설 《개미》, 《뇌》 등으로 유명한 프랑스 작가 베르나르 베르베르는 《상상력 사전》에서 '감정이입'을 "남이 느끼는 것을 같이 느끼고 남의 기쁨이나 고통을 함께 나누는 능력"이라고 설명합니다. 그는 이러한 감정이입 능력이 식물에도 있어서 다른 생명체

---

[*]   제러미 리프킨, 이경남 옮김, 《공감의 시대》(민음사, 2010), 22쪽에서 재인용.
[†]   제러미 리프킨, 《공감의 시대》, 19-20쪽 참조.

의 고통을 지각한다면서, 나무를 예로 듭니다. 나무에 기대고 있는 사람이 몸에 상처를 입으면 이를 알아채고 느낀 결과, 나무의 전기 저항이 바뀌는 것을 검류계檢流計로 확인할 수 있다는 것이지요.[†] 이렇듯 식물이 다른 생명체의 고통을 느낄 수 있다면, 식물인간이라는 말을 함부로 쓰지는 말아야 할 듯합니다.

아인퓔룽(감정이입), 공감이라는 말을 사자성어로 바꾸면 '역지사지易地思之' 아닐까 싶습니다. 이 말은 본래 중국 고대의 우禹와 후직后稷이라는 인물에 대한 맹자의 글에서 유래했다고 합니다. 우는 치수治水, 곧 물 관리에 성공하여 왕위에 올라 중국 하夏나라의 시조가 되고, 후직은 농사를 관장하는 인물로 중국 주周나라의 시조가 됩니다. 역지사지라는 말이 유래한 맹자의 글은 이렇습니다.

> 우 임금은 천하에 물에 빠지는 이가 있으면 자기가 치수를 잘못해서 그가 물에 빠졌다고 생각했고, 후직은 천하에 굶주리는 자가 있으면 자기의 잘못으로 그가 굶주린다고 생각해서

[†] 베르나르 베르베르, 이세욱·임호경 옮김, 《베르나르 베르베르의 상상력 사전》(열린책들, 2011), 483쪽 참조.

이처럼 (백성 구제를) 급하게 여겼다.*

◇ **성경적 편향, '우는 사람들과 함께 울라'**

아인퓔룽, 공감, 역지사지는 성경이 가르치는 바이기도 합니다.

기뻐하는 사람들과 함께 기뻐하고, 우는 사람들과 함께 우십시오(롬 12:15, 새번역).

구약 외경 중 가장 방대하며 초대교회 신자들이 즐겨 읽었다는 〈집회서Ecclesiasticus〉에도 비슷한 말씀이 나옵니다.

우는 사람들을 내버려 두지 말고 슬퍼하는 사람들과 함께 슬퍼하여라(집회 7:34, 공동번역).

이 가르침은 어느 누구보다 예수 그리스도께서 친히

---

* 온라인 두산백과 "역지사지" 항목 참조.

모범을 보이셨습니다.

예수께서는 마리아가 우는 것과, 함께 따라온 유대 사람들이
우는 것을 보시고, 마음이 비통하여 괴로워하셨다. … 예수께
서는 눈물을 흘리셨다(요 11:33-35, 새번역).

당시 그리스와 로마의 철학자들은, 사랑하는 이와 사
별하는 상황에서조차 침착함과 고요함을 지키는 것을 강
조하였습니다. 그런데 그와 반대로 예수께서는 마리아와
그 일행이 우는 모습을 보시고는 비통한 마음으로 괴로워
하시며 함께 눈물을 쏟으셨습니다. 이처럼 예수님은 우리
의 연약함을 '체휼'하시는 분입니다(히 4:15).

　　여기서 '체휼體血하다'는 표현은 개역한글판 번역인데,
영어성경 신국제역NIV에는 'empathize(공감하다)'로 되어
있습니다. 체휼의 '휼血'은 '심장心이 피血를 흘린다'는 뜻이
니, 체휼한다는 것은 몸으로 같이 겪고 마음으로 피를 흘릴
정도로 공감한다는 의미일 터입니다. 그러니 죄에 얽매여
종노릇하는 인류의 고통을 체휼함으로써 십자가에서 피
흘려 '죄의 삯'인 죽음을 우리 대신 감당하신 예수 그리스
도야말로 호모 엠파티쿠스의 온전한 표상 아닐는지요.

'우는 사람들과 함께 울라'는 성경의 아인퓔룽·공감 정신을 오늘에 이르러 간명하게 정리한 말이 있습니다.

인간의 고통 앞에 중립은 없습니다.

이는 전 세계 가톨릭의 수장 프란치스코 교종이 지난 2014년 8월 한국 방문 기간 중에 한 말입니다. 방한 기간 내내 세월호 희생자를 추모하는 노란 리본을 가슴에 달고 다닌 그가 귀국하는 기내에서 기자들의 질문에 답한 말이지요. 당시 보도에 따르면, 그가 세월호 유가족에게 건네받은 추모 리본을 달고 다닌 지 반나절이 지나지 않아 '추모 리본을 떼고 중립을 지켜야 한다'고 말하는 사람들이 있었다는군요. 그에 대한 대답이 바로 '인간의 고통 앞에 중립은 없다'였던 것입니다.

고통당하는 이들의 아픔과 눈물을 체휼하고 공감하는 것을 '성경적 편향'이라 할 수 있지 않을는지요. 사회적 재난이나 참사가 일어날 때마다 고통에 처한 사람들의 아픔을 공감하고 위로하기보다 직통계시라도 받은 양 '하나님의 뜻'을 말하기 바쁘고, 더러는 그들을 비난하기까지 하는 한국 교회 일각의 모습을 보면서, 기계적 중립이라도 지키면 차라리 다행이겠다고 생각한 게 저뿐이었을까요. 그런 일이 되풀이될 때마다 '저분들이 읽고 묵상하는 성경과 내가 묵상하는 성경이 아예 서로 다른 것인가?' 하고 그저 홀연히 의아해할 따름입니다.

◇ 공감과 체휼의 능력이 절실한 시대

그날 밤 이후로 난 더 이상 동일한 사람이 아니라는 느낌이 들어. 그날 밤, 삶은 흐르길 멈췄소. 더 이상 아무것도 중요하지 않고, 아무것도 존재하지 않아. … 삶은 계속되지만, 그건 저 바깥의, 내게서 먼 곳의 일이지.[*]

사랑하는 사람을 비극적 참사로 먼저 떠나보낸 마음은 어떤 상태일까요? 집단학살과 폭력이 휩쓸고 간 샴고로드 마을의 여관 주인 베리쉬의 고백처럼, 더 이상 '아무것도 중요하지 않고 아무것도 존재하지 않는' 삶은 캄캄한 무의미의 세계 아닐는지요. 평소 자비의 신을 믿고 의지하며

---

[*]　엘리 위젤, 하진호·박옥 옮김, 《샴고로드의 재판》(포이에마, 2014), 57쪽.

신의 임재를 경험해 온 베리쉬, 가족이 희생당하는 비극을 겪은 이후 하루하루 고통 가운데 몸부림치며 생을 연명해 가는 그는 문학작품 속 가상공간의 허구적 인물일 뿐일까요? 샹고로드 마을의 베리쉬는 오늘 이 시간 우리 곁에서 숨쉬며 살아가는 현실적 인물과 다르지 않습니다.

지금도 304명의 사랑하는 아들·딸·부모·형제를 잃은 참사로 인해 고통 가운데 살아가는 이들이 있습니다. 지난 2014년 4월 16일 이후, 베리쉬처럼 그들의 삶 또한 더 이상 흐르지 않고 멈춰 섰습니다. '더는 아무것도 중요하지 않은' 그들이야말로 이 시대의 "강도 만난 사람"(눅 10:36, 새번역) 아닐는지요.

홀로코스트 문학가 엘리 위젤이 쓴 《샹고로드의 재판》은 극중극 형식의 모의재판이 등장하는 희곡입니다. 샹고로드에서 일어난 집단학살과 성폭력을 하나님은 왜 방관했는지, 이 비극에 대해 하나님은 죄가 없는지를 다투는 모의재판에서 베리쉬는 검사역을 맡아 하나님의 유죄를 주장합니다. 그에 맞서 하나님의 무죄를 변호하는 역할은 샘이라는 이름의 나그네가 자청합니다. 그는 베리쉬와 달리 흥분하지도, 목청을 높이지도 않고 시종일관 차분하고 냉철하게 신의 무죄를 논리적으로 변호합니다.

"신은 의로우시며, 그분의 길은 공정"하다고 주장하는 샘의 신학은 무척 합리적이어서 반박하기가 어렵습니다. 그렇게 신에 대해 합리적으로 변호하는 샘은 베리쉬를 비롯한 샴고로드 사람들의 고통과 상처에 대해서는 무감하고 냉정한 태도를 보입니다. 그러자 여관의 심부름꾼 마리아가 단호히 목소리를 높입니다. "그는 심장도, 영혼도, 감정도 없어요! 그는 사탄이에요, 정말이라고요!"

학살과 폭력의 목격자이자 생존자인 마리아는 샘이 심장도, 영혼도, 감정도 없다면서 그가 사탄이라고 외칩니다. 심장이 없다는 것은, '가슴으로 피 흘리는' 체휼함이 없음을 말합니다. 기실 사탄은 도무지 공감과 감정이입을 모르는 존재입니다. '밤낮 참소하는 자'(계 12:10) 사탄은 태생적으로 체휼도, 공감도 불가능한 존재인 것입니다.

오늘 우리 사회에서 '우는 사람들', '강도 만난 사람'들의 아픔에 공감보다 반감을 먼저 드러내는 이들은 누구입니까? 그들을 위로하기보다 참소하는 이들, 그들의 아픔을 체휼하고 눈물을 닦아 주기보다 비난하고 헐뜯는 이들은 누구입니까? 다양한 성경 번역본과 큐티 잡지가 이토록 많은데 어떤 성경을 읽고 묵상하기에 우리는 공감과 체휼의 능력은 얻지 못하고 사회 전반의 반감만 얻고 있는 것입니까?

'독사의 자식들'과
개인 경건생활

◇　**'바리새 사람의 누룩'을 조심하라**

　"신앙생활 10년이면 바리새인 된다."

　1990년대 초반, 예수를 믿은 지 얼마 되지 않았을 때
읽은 어느 책에서 맞닥뜨린 구절입니다. 제목과 내용은 거
의 다 잊었음에도 유독 이 문장만은 선명하게 기억에 남은
이유를 잠시 헤아려 보았지요. 다른 무엇보다 이 문장이 햇
병아리 신자인 제 신앙생활의 미래에 대한 섬뜩한 경고문
처럼 다가왔기 때문입니다.

166

김영봉 목사는《세상을 바꾼 한 주간》에서 사두개파와 함께 유대교 주요 종파인 '바리새파Pharisees'를 "율법을 철저히 지킴으로써 선민의 부흥을 이루겠다는 열심을 가진 사람들의 신앙 운동"으로 소개하고 있습니다.[*] 복음서를 보면, 예수께서 그들을 "위선자들", 심지어 "독사의 자식들", "독사의 새끼들"이라고까지 부르십니다(마 3:7; 눅 3:7; 마 12:34, 특히 마 23장). 고대인들은 어미를 잡아먹으면서 태어나는 독사가 있다고 여겼다는데, 부모 살해가 고대 사회에서 가장 극악한 일이었던 만큼 '독사의 새끼'라는 호칭이 어떻게 들렸을지 짐작하고도 남을 만합니다.[†] 이러니 회심을 경험하고 얼마 뒤, "신앙생활 10년이면 바리새인 된다"는 문장에서 신앙인으로 10년 뒤 미래가 섬뜩하게 다가온 건 별스럽지 않은 일일 터입니다.

김영봉 목사에 따르면, '바리새Pharisee'는 세상과 이방인 등 불결한 것으로부터 결별하여 분리된 삶을 산다는 뜻에서 나온 말로 '분리된 자', '분리주의자' 등을 의미한다는군요. 모두 613개 조항으로 이뤄진 율법을 준수하려 애쓰

[*]   김영봉,《세상을 바꾼 한 주간》(IVP, 2015), 71쪽.

[†]   존 월튼·빅터 매튜스·마크 샤발라스·크레이그 키너, 신재구·정옥배·이철민·이지영·전성민·박신구 옮김,《IVP 성경배경주석》(IVP, 2010), 1263쪽 참조.

던 그들은, 요즘으로 치면 이른바 '개인 경건생활' 면에서 타의추종을 불허하는 신앙인들 아니었을까 합니다. 개인 경건생활의 열심과 충실도만 놓고 평가한다면, 바리새인만 한 종교인을 찾기란 쉽지 않을 것입니다.

그러면 바리새파 사람들처럼 경건생활을 철저히 지키기만 하면, '신실한' 신앙인이라 할 수 있는 걸까요? 그게 맞는다면 왜 예수께서는 그들을 칭찬하시기보다 오히려 "위선자들", "눈먼 인도자들"이라고 부르면서 "너희에게 화가 있다"라고까지 하셨을까요?(마 23장 참조) 중요한 건 외형적 충실도가 아니었던 모양입니다. 이에 대해 김영봉 목사는 바리새인들이 율법의 중요한 두 갈래 중 '제사법'은 철저히 지키면서 '시민법'은 지키지 않았기 때문이라고 설명합니다. 율법은 본래 두 가지, 곧 예배와 십일조 등 종교적 의무에 관한 '제사법'과, 일상생활에서 정의와 자비, 신의를 지키는 삶에 관한 '시민법'으로 구분되는데, 예수님은 시민법을 더 중요시하셨다는 겁니다. 그래서 예수께서 바리새인들이 제사법은 중시하면서 정작 시민법은 무시했다고 나무라셨다는 것이지요.*

***

*   김영봉, 《세상을 바꾼 한 주간》, 110쪽 참조.

모르긴 해도, 리더나 소그룹을 대상으로 개인 경건생활을 점검하고 확인하는 교회가 적지 않으리라 봅니다. 일주일에 큐티를 몇 번 하는지, 기도는 몇 분(시간) 몇 회를 하는지, 새벽기도회는 몇 번 참석하는지, 성경은 몇 장이나 읽는지 등을 체크하여 이를 신실하고 헌신된 기준으로 삼는 것이지요. 이것이 우리의 신앙을 연마하고 키워 나가는 수단이 될 수 있다는 데는 이견이 없습니다. 다만, 개인 경건생활 준수만이 신실한 신앙의 척도인 양 강조하다 보면, 이로부터 바리새적 율법주의의 누룩이 퍼지지 않을까 저어할 따름입니다. 정의와 자비와 신의를 지켜 행하며 살아가는 '시민법'(리처드 마우식으로 말하자면 "기독교적 시민교양")을 소홀히 하거나 무시한 결과, "회칠한 무덤" 같은 삶을 살아가지 않을까 염려합니다. 다시 말해 "경건의 모양"이 "경건의 능력"보다 앞서는 삶 말이지요.

결국 바리새적 경건이란 자신들의 '율법(제사법)적 의'의 완성에 기울어진 자기만족적 경건 아닌가 합니다. 예수께서 "바리새 사람의 누룩"을 조심하라고 경고하신 건 그런 의미 아니었을까요.

◇ '나' 중심 경건에서 '우리' 중심 경건으로

한순간의 경험이나 개인적 경건훈련에 지나치게 초점을 맞출 때마다 우리는 율법주의에 빠지고 결국 예수님을 잃어버리고 만다. 나는 대단히 좋은 (대체로 기독교적인) 행동을 하다가 그분을 잃어버렸다.[*]

저명한 미국의 성서신학자 스캇 맥나이트가 자기 신앙을 돌아보면서 한 이 고백을 보면, 제가 과하게 염려하는 건 아닌 듯합니다.

개인 경건의 시간을 갖다 보면, 그 중심이 대체로 하나님이 무엇을 원하시는지보다는 자신이 무엇을 갈망하는지로 옮겨지곤 합니다. 하나님의 어떠하심보다는 자기 내면에 주목하여 '편안한 마음이냐 아니냐'를 하나님의 뜻에 대한 근거나 기준으로 곧잘 삼기도 하지요. 이렇듯 경건생활이 자기중심주의로 흐르게 되면, 하나님이 빠진 성경 묵상, 자기중심적인 기도, '시민법'을 망각한 신앙인의 삶이 될 위험도 그만큼 높아집니다.

---

[*]　스캇 맥나이트, 박세혁 옮김, 《원.라이프》(성서유니온선교회, 2015), 19쪽.

이러한 성경 읽기와 묵상과 기도 같은 경건생활은 하나님의 뜻을 구하고 그 음성에 귀 기울이는 일반적인 통로라는 점에서 '보편성'을 지니는 동시에, 저마다 개인적으로 하나님과 일대일 교제를 나눈다는 점에서 '개별성'을 함께 지닙니다. 그런데 이 경건생활의 개별성이 우리가 발 딛고 더불어 살아가는 세상과 이웃으로부터 개인을 분리시킬 위험이 있습니다. 이는 성경 묵상과 기도 둘 다 그러합니다. '나' 자신의 상태와 상황에 집중하다 보면, 아무래도 자기중심적인 기도가 될 수밖에 없을 것입니다. '나'의 절실한 필요와 절박한 상황에 몰입하고 몰두하다 보니, '이웃'의 절절한 필요와 절체절명의 상황에는 신경 쓸 겨를이 없게 됩니다. 하물며 하나님의 뜻과 생각에까지 마음을 기울일 틈이 과연 남아 있기나 할까요?

그런 점에서 예수께서 제자들에게 친히 "너희는 이렇게 기도하라"며 가르쳐 주신 기도(마 6:9-13; 눅 11:2-4)를 다시 떠올려 봅니다. "하늘에 계신 우리 아버지여, 이름이 거룩히 여김을 받으시오며…."

이 기도에는 '나I/me/my'가 없고 '우리We/us/our'만 있을 뿐입니다. "**우리** 아버지Our Father", "**우리**에게 일용할 양식을Our daily bread", "**우리**에게 죄 지은 자를Our debtors", "**우**

리 죄를 Our debts", "우리를 시험에 들게 하지 마시옵고 lead us not into temptation."

최근 주기도문으로 기도하면서 다시금 확인하게 된 사실이 있습니다. 아침저녁으로 주기도문을 한 소절씩 암송하면서 연이어 떠오르는 기도제목을 덧붙여 가며 간구하는 방식인데요, 대부분 제 개인 my의 필요만 떠오르지 제가 속한 공동체나 사회, 더 나아가 지구촌 전체의 긴급하고도 절실한 필요는 거의 안 떠올랐습니다. 저 자신이 그만큼 '나' 중심적인 인간임을 재확인했을 뿐 아니라, 그로 말미암아 예수께서 친히 '우리' 중심적인 기도를 가르쳐 주신 이유를 다시금 새기게 되었습니다.

◇ **누구나 이 세계의 일부**

영화 〈반지의 제왕: 반지원정대〉(2001)에서 제게 잊히지 않는 장면 중 하나는 헬름 협곡의 스펙터클한 전투 장면이 아닙니다. 오히려 대다수 잘 기억 못할 법한 장면, 곧 반지원정대의 일원인 호빗족 메리가 목신木神 엔트족의 지도자 '나무수염'과 대화를 나누는 장면입니다. 메리는 나무수염에게 사루만이 이끄는 악의 세력과 맞서 싸우는 자기 친구들을 도와 달라고 간청합니다. 나무수염은 메리의 간청을 뒤로하고 그 일이 자기네 엔트족과는 아무 관계 없다며 떠나려 합니다. 그때 나무수염에게 메리가 이렇게 말합니다.

"당신도 이 세계의 일부잖아요!"

그렇습니다. 누구도 예외 없이 우리는 모두 이 세계의 일부입니다. 누구도 예외 없이 이 세계의 일부로 자신의 삶을 감당하며 살아가지만, 그와 동시에 우리 사는 이 세상과 연결되어 공적인 영역public world의 삶을 외면하거나 회피할 수 없습니다. 그런데도 우리의 묵상과 기도는 지극히 '나' 중심에 머물러 있을 뿐 '우리'를 지향하는 경우가 드뭅니다. 이는 예수께서 친히 일러 주신 가르침과도 거리가 멉니다. 그런 점에서 우리는 모두 바리새파적 종교인에 가까운지도 모르겠습니다.

우리의 성경 읽기와 묵상이 (나아가 경건생활 전반이) 평소 얼마나 '나'의 울타리 안으로만 국한되어 있었으며, '나'의 개별성에 갇혀 있었는지 돌아볼 필요가 있습니다. 그리할 때 비로소 우리의 경건생활이 개별성에만 머무는 사적 차원에서 한 걸음 더 나아가 '우리' 이웃과 세계를 향하여 성장하고 성숙할 수 있지 않을까 합니다.

나를 넘어서는
묵상

◇ **비회원을 위해 존재하는 유일한 단체, 교회**

1988년 대학 2학년 휴학 기간 중에 경기도 서북부의 한 읍내에 머문 적이 있습니다. 이제는 고층 아파트들이 즐비한 대표적인 신도시 권역이지만, 당시만 해도 저층 주공 아파트와 낡은 빌라, 주택들이 뒤섞여 있던 곳이었지요. 제법 높은 언덕배기에 있었던 거처에서 맞이한 첫날 밤, 바람을 쐬러 나갔다가 눈에 들어온 밤풍경에 깜짝 놀랐습니다. 사방이 온통 붉은 네온사인 십자가로 가득했습니다. 그렇

174

게 많은 붉은 십자가를 처음 맞닥뜨린 저는, 시선을 어디에 두어야 할지 당황스러워 한동안 멍한 채로 서 있었지요. 붉은 십자가가 빽빽이 들어찬 밤풍경은 낯설고도 기묘한 느낌으로 다가왔습니다.

과거 로마제국의 정치범 사형틀이던 십자가는 이제 기독교의 대표 상징(물)이 되어 교회당마다 가장 높은 자리에 우뚝 세워져 있습니다. 율법학자들과 바리새파 사람들을 가리켜 "회칠한 무덤" 같다고 일갈하신(마 23:27) 예수께서 오늘 이 땅 곳곳에서 빛나는 십자가 네온사인을 보고 무어라 말씀하실지 문득 두려워집니다. 밤마다 빛을 발하는 저 무수한 십자가 중 생명력 있는 교회의 십자가는 얼마나 되며, 생명력을 잃어버린 '회칠한 무덤' 위에 세워진 십자가는 또 얼마나 될까요?

"너희는 세상의 소금", "너희는 세상의 빛"이라 하신 예수님의 말씀처럼(마 5:13-14), 교회는 곧 '세상'의 부패를 막고 어둠을 몰아내기 위해 '세상 속으로' 보냄 받은, 소금과 빛의 공동체입니다. 이런 교회가 세상을 외면하거나 무관심하다면, 아니면 세상의 걱정거리나 조롱거리가 된다면, "그들로 너희 착한 행실을 보고 하늘에 계신 너희 아버지께 영광을 돌리게 하라"(마 5:16) 하신 예수님의 말씀을 무슨 수로 행할 것인지요.

교회는 비회원들의 이익을 위해 존재하는 유일한 단체다.

The church is the only society that exists for the benefit of those
who are not its members.

영국 성공회 캔터베리 대주교였던 윌리엄 템플이 남긴 말입니다. 히틀러의 나치체제에 항거하다 순교한 독일 신학자 본회퍼는 "교회는 타자를 위해 존재할 때만 교회가 된다"라고 했습니다. 교회의 존재 이유이자 목적이 내부 결속에 있지 않으며, 교회 바깥, 즉 세상 사람들의 이익을 도모하고 그들을 이롭게 하는 데 있다는 얘기지요. 이는 교회가 태생적으로 공공적이고 공익적인 공동체임을 의미합니다. 그렇다면 그 구성원인 성도 개개인 또한 예외 없이 교회 바깥의 세상과 이웃을 위해 공공적·공익적 삶을 살아야 마땅하지 않겠는지요. 소금과 빛의 역할로 세상(비회원)에 유익을 주지는 못할망정 도리어 해가 되는 교회가 있다면, 이미 교회로서의 존재의미를 잃어버린 비非교회이거나 반反교회와 다를 바 없지 않겠는지요.

176

◇ '자기애'에 오염된 신앙, 개인에 갇힌 묵상

문제는 태생적으로 공공적·공익적('세상의' 소금·빛)이어야 할 교회가 그 맛과 빛을 잃어 가듯, 성도 개개인 또한 세상의 부패를 막고 어둠을 몰아내는 삶을 지향하기보다는 점점 더 자기 번영과 자아성취로 몰려간다는 점입니다. 그리하여 "긍휼과 공평과 공의를 세상에 실현하는 하나님"(렘 9:24, 새번역)이신 주 여호와를 알고 따르기보다, 하나님을 램프의 요정 지니처럼 자기 번영과 성공을 돕는 '개인 도우미'로 부리려는 신앙의 도구화·사유화가 두루 퍼져 갑니다. 이 과정에서 묵상 또한 자기가 처한 상황과 형편에 쉽사리 갇히고 매몰되어 버리지 않을지 염려스럽습니다.

개인적 상황과 형편에 갇혀 버리는 성경 읽기에 대해 구약학자 김근주 기독연구원 느헤미야 교수는 이렇게 말합니다.

> 우리의 성경읽기를 가장 방해하는 것은 자신의 상황과 형편일 것이다. ··· 눈앞에 당장 결정해야 할 일이 있기에, 성경을 읽으면서 결정에 힌트가 될 단어나 표현에 온통 마음을 빼앗긴다. '가라'는 표현만 나와도 하나님이 지금 내가 생각하는

일을 하라는 의미로 생각하고, '가지 말라'는 표현이 나오면 현재의 계획을 내려놓으라는 의미로 생각하곤 한다.[*]

물론 김근주 교수는 성경을 읽으면서 맞닥뜨리는 단어나 표현을 자기 삶에 대한 신호로 받아들이는 일이 무조건 틀렸다고 단언하지 않습니다. 다만, 계속 그런 방식으로 성경을 읽고 묵상해서는 결코 '마음을 새롭게 하거나 하나님의 선하시고 기뻐하시고 온전하신 뜻이 무엇인지 분별'할 수는 없다는 점을 강조합니다.

자신의 상황이나 형편, 내적 상태나 마음 치유 등에 초점을 맞추는 성경 읽기와 묵상에 익숙해지다 보면, 자칫 '자기애'에 오염된 신앙으로 변질되지 않을지 염려스럽습니다. 디트리히 본회퍼는 '자기애'는 참된 사랑이 아닌 "사랑의 본모습에서 떨어져 나온 왜곡된 사랑"으로, 결국 "나 자신이 목적"이 될 뿐이라고 지적합니다.[†]

성경 묵상은 영적인 활동에 속하기에 이를 세상의 공적 영역의 이슈(예를 들면 교육, 문화, 경제, 예술, 정치, 군사, 인권, 양극

---

[*]　김근주, 《나를 넘어서는 성경읽기》(성서유니온선교회, 2017), 16-17쪽.

[†]　디트리히 본회퍼, 정현숙 엮음, 《타인을 위한 그리스도인으로 살 수 있을까?》(좋은씨앗, 2014), 136-137쪽 참조.

화, 차별, 노동, 복지 등)와 연결 짓는 건 무리이며 바람직하지 않다는 견해가 있을 수 있습니다. 거듭 강조해 왔지만, 이는 결국 온 우주의 통치자이신 하나님의 주권, "만유萬有(우주에 존재하는 모든 것)의 주재(주관자, the ruler of all things)"(대상 29:12)이신 하나님의 다스리심을 받아들이지 않는 관점입니다.

하나님을 공적 영역으로부터 분리하는 이런 관점은 계몽주의 사상의 종교적 버전인 '이신론(理神論, deism)'에 가깝습니다. 인간 이성의 빛을 숭배하며 이성의 일깨움을 통해 사회 발전과 진보를 이룰 수 있다고 주장하는 계몽주의는, 하나님을 세상의 영역에서 몰아내는 대신 인간 스스로 세상을 더 잘 운영할 수 있다고 믿는 신념이자 사상운동입니다. 성서신학자 톰 라이트의 표현을 빌리자면, "하나님 또는 여러 신들은 세상에서 멀리 떨어져 있으며 세상은 스스로의 힘으로 유지해 나갈 것"이라는 믿음이 바로 이신론의 신조 아닌가 합니다.‡ 톰 라이트는 교회가 이 이신론의 세계관과 결탁하게 되면 대체로 다음과 같이 선언한다고 지적합니다.

‡   톰 라이트, 안종희 옮김, 《시대가 묻고 성경이 답하다》(IVP, 2016), 281쪽 참조.

좋아요. 만약 하나님과 세상이 그렇게 멀리 떨어져 있다면 하나님의 영역을 조금만 주장하지요. 사람들에게 현재의 개인적 영성 생활과 미래의 복된 소망만 제공하겠습니다. 하지만 사회제도에 관한 근본적인 문제는 제기하지 않겠습니다.[*]

그러나 성경은 이신론의 신을 말하지 않습니다. 성경은 결코 하나님을 세상 바깥에서 팔짱을 낀 채 세상을 관조하시는 분으로 말하지 않습니다. 세상과 분리되어 있으면서 그분 필요에 따라 기적을 베푸느라 그때그때 세상사에 잠깐 개입하시는 그런 하나님이 아닙니다. 성경에 그런 하나님은 없습니다. 그와는 정반대로, 하나님이 "세상을 이처럼 사랑하사" 친히 인간의 몸을 입고 세상 속으로, 인간 사회 한가운데로 오셨다고 말합니다. 그렇듯 온 인류의 죄를 대신하여 죽으신 예수님의 사역은 "결코 세상**으로부터** 개인의 영혼을 구하는 것이 아니라 인간을 구원해 그들이 세상을 구원하는 그분의 사업의 동역자가 되게 하는 것"이었습니다.[†]

[*]   톰 라이트, 《시대가 묻고 성경이 답하다》, 281쪽.

[†]   톰 라이트, 《시대가 묻고 성경이 답하다》, 257쪽. (강조체는 원저자의 표기)

그러니 세상사에 초연한 신비주의 영성이나 도피주의 영성은, 세상을 구원하시는 예수님의 사업에 동역자로 부름 받은 그리스도인과는 거리가 먼 영성이라 할 수 있습니다. 하여 본회퍼는 말합니다.

> 그리스도인에게 세상으로부터 물러날 곳은 어디에도 없다. 외부에도 내면의 삶 속에도 없다. 세상을 피하려고 하는 모든 시도는 조만간 세상에 대한 사악한 굴복이라는 대가를 치르게 될 것이다.[‡]

◇ 나를 넘어 '비회원'까지 품을 때

마가복음은 "하나님의 아들 예수 그리스도의 복음의 시작은 이러하다"(1:1, 새번역)라는 문장으로 시작합니다. 이어 예수께서는 갈릴리 나사렛에서 요단강으로 가서 세례 요한에게 세례를 받으신 후 '40일간의 광야 시험tempted by Satan'을 치르시게 됩니다. 그 뒤 갈릴리로 가서 '하나님 나

‡ 찰스 링마, 권지영 옮김, 《본회퍼 묵상집》(죠이선교회, 2014), 113쪽.

라 복음'을 선포하십니다.

> 때가 찼다. 하나님의 나라가 가까이 왔다. 회개하여라. 복음을
> 믿어라(막 1:15, 새번역).

여기서 '하나님 나라 The kingdom of God'는 공간적 개념
이 아닌 하나님의 온전한 통치(다스림)를 가리킵니다. 이는
곧 이 땅의 모든 옛 질서와 낡은 체제(*ancien régime*, 앙시앵 레짐)
를 뒤집어엎는 새로운 질서이자 하나님의 가치가 실현되
는 상태를 의미합니다. 그 하나님 나라는 '저 세상'이 아닌
바로 여기 이 땅에 임하기에 예수께서도 그 나라가 "오게"
하여 주시기를 기도하라고 친히 가르치셨지요(마 6:10, 새번역).

우리나라 성경 묵상 운동의 개척자로 평가받는 고 윤
종하 성서유니온선교회 초대 총무가 '이 세상 어느 영역이
든' 하나님의 통치가 구현되어야 할 곳임을 가르쳤다는 사
실은 우연이 아닐 터입니다.

> 하나님 나라는 교회만이 아니다. 온 세상이 하나님의 통치 아
> 래 있는 하나님의 나라임을 그[윤종하]는 분명히 가르쳤다. 따
> 라서 하나님의 통치가 구현되어야 할 곳은 교회 안뿐 아니라

성도가 가는 곳 어디든 포함된다.*

성경을 묵상할 때 초점이나 적용이 개인 영역에서 공적 영역으로 확장되어야 하는 이유가 여기 있습니다. 자기 삶의 자리를 넘어 우리가 발 딛고 살아가는 곳곳마다 하나님 나라(통치)가 임하기를 기도하는 그리스도인이 말씀 묵상 시간에는 늘 개인 삶의 문제에만 파묻힐 수 있을까요? 묵상할 때 개인 상황뿐 아니라 사회와 이웃의 문제까지 마음에 품고 말씀을 적용하려는 그리스도인이 줄곧 자신의 일용할 양식과 인도하심만 구하는 기도를 올려 드릴 수 있을까요? 둘 다 어불성설입니다. 묵상이 주로 개별적 신앙 활동이기에 저마다 자신의 삶과 상황에만 시야가 집중될 여지가 다분하며, 신앙은 제자리걸음만 계속하게 될 것입니다.

이제껏 우리의 묵상 생활은 어떠했나요? 지나치게 내 상황, 내 형편에만 방점이 찍혀 있지는 않았나요? 이제는 '나'를 넘어서야 할 때입니다. 나를 넘어선다는 건, 달리 말하면 시야와 관점이 넓어진다는 의미입니다. 내 삶의 필요

* 성서유니온선교회 편집부 편, 《광야의 소리, 윤종하》(성서유니온선교회, 2017), 104-105쪽.

와 고민을 넘어 세상의 필요와 고통을 품는 묵상으로 나아가야 합니다. 개인과 교회를 넘어, 하나님의 통치가 임해야 할 온 세상의 불의와 불평등, 억압과 폭력, 빈곤과 기아, 차별과 혐오의 현장, 그리고 그 속에서 고통당하는 이웃('비회원')을 품는 묵상으로 한 걸음 더 나아가야 합니다. 그제야 비로소 교회와 그리스도인의 존재 의미를 찾을 수 있지 않겠는지요.

묵상의 시야,
일상의 시선

◇ **지도자의 본분**

내가 또 이르노니 "야곱의 우두머리들과 이스라엘 족속의 통
치자들아, 들으라. 정의를 아는 것이 너희의 본분이 아니냐?···
정의를 미워하고 정직한 것을 굽게 하는 자들아, ··· 이러므로
너희로 말미암아 시온은 갈아엎은 밭이 되고 예루살렘은 무더
기가 되고 성전의 산은 수풀의 높은 곳이 되리라"(미 3:1, 9, 12).

2016년 11월 둘째 주, 저는 구약성경 미가서를 묵상하

고 있었습니다. 당시는 대통령 비선 실세의 국정농단과 정권의 부패 스캔들에 분노한 민심이 들불처럼 번지던 때였지요. 그해 10월 말부터 시작된 촛불집회가 전국으로 번져가던 그 시기에 예언자 미가가 전한 하나님의 말씀은 마치 한국 사회를 향한 메시지처럼 생생하게 다가왔습니다.

그 말씀에 따르면, 우두머리들leaders과 통치자들rulers의 본분은 "정의를 아는 것to know justice"(미 3:1)입니다. 새번역 성경에서는 이를 '정의에 관심을 가지는 것'으로 번역해 놓았습니다. 그런데 지도자가 본분을 망각하여 정의에 무관심하거나 정의를 외면하면 어떤 일이 일어날까요? 이에 대한 하나님 말씀은 그 공동체 전체가 멸망에 이르리라는 것입니다. '갈아엎은 밭', '무더기', '수풀의 높은 곳'은 "도시와 그 기초가 얼마나 철저하게 파괴될 것인지를 역설"하는 표현들입니다.[*]

미가서 3장을 묵상하며 '이 나라도 갈아엎은 밭이나 무더기가 될 위기에 놓이고 말았구나' 하는 생각이 들어 나라를 위한 기도가 절로 터져 나왔습니다. 이 본문은 개인 묵상뿐만 아니라 가정예배에서 함께 읽고 나누며 기도한

---

[*] 존 월튼·빅터 매튜스·마크 사발라스·크레이그 키너, 신재구·정옥배·이철민·이지영·전성민·박신구 옮김, 《IVP 성경배경주석》(IVP, 2010), 1138쪽 참조.

본문이 되었고, 그달 마지막 주일예배에서 회중을 대표하
여 올려 드린 기도문으로 이어졌습니다.

이 땅의 역사와 현실에 참여하시는 살아 계신 하나님, 오늘
이 나라가 처한 역사적 현실 가운데 찾아오셔서 주님의 정의
와 공평이 강물같이 흐르게 하여 주옵소서.

정의를 아는 것이 지도자의 본분이라 하셨는데, 이 나라의 통
치자는 정의에 무관심했습니다. 이스라엘 족속의 통치자들
처럼, 정의를 미워하고 정직한 것을 굽게 함으로써 가진 자들
의 불법적인 특혜와 반칙, 특권을 더 굳건히 만들어 왔습니
다. 위임받은 권력과 국가기관과 공직자들을 한낱 개인적이
고 사적인 인간관계를 챙기는 일에 끌어다 썼습니다. 쌍용자
동차 사태와 용산 참사, 세월호 참사에 이르기까지 상처받은
국민들의 눈물을 닦아 주는 일들은 외면한 채, 기업들로부터
돈을 받고 그들의 이권과 민원을 해결해 주느라 바빴습니다.
그러는 사이, 이 땅은 또다시 제국주의적 무기 시스템과 군사
동맹체제에 속수무책 말려들어 신냉전의 위기 아래 놓이게
되었습니다.

죄의 구원자 되실 뿐 아니라 역사의 구원자 되시는 하나님,
이 나라를 새롭게 하여 주십시오. 정의와 공평을 알고 정직

을 행하는 지도자를 세워 주십시오. 분열과 대립이 물러가고 평화와 화평의 기운이 이 한반도를 채우게 해 주십시오. 선을 미워하고 악을 기뻐하는 자들, 뇌물을 위하여 재판하고 삯을 위하여 교훈하는 자들을 징계하여 주시고, 그로 인해 모든 억울함과 원통함으로 눈물 흘리던 이들의 눈물을 씻겨 주십시오. (이하 생략)

◇ **신문 읽기와 영성생활**

이 기도문에는 평소 신문을 읽으며 기도해 온 제 일상의 시야가 담겼습니다. 일상의 관심사와 생각, 습관과 사고 등은 묵상과 기도에 자연스레 담기기 마련입니다. 그런 점에서 영성생활은 일상의 생각과 시야에 영향을 받으며, 따라서 '신문 읽기'가 영성생활의 유의미한 수단이라는 게 제 생각입니다.

신앙 활동인 묵상과 일상의 신문 읽기가 대체 무슨 상관이냐, 반문할지도 모르겠습니다. 우리 주변에는 영성생활을 일상적 활동이나 경험과는 다른 '영적이고 신령(신비)한' 체험이나 활동으로 여기는 경향이 여전히 강한 듯합니다. 식사 준비나 설거지는 영성생활이 아니며, 금식기도나 성경 읽기, 방언 체험 같은 경우가 영성생활이라는 거지요. 그런데 영성가로 이름난 이들은 정작 이와 다르게 말합니다.

영성생활이란 무슨 특별한 생각이나 관념, 또는 느낌을 가리키는 게 아니라 일상생활에서 부닥치는 가장 평범하고 통상적인 체험의 일부일 따름이다.[*]

발달장애인 공동체 라르쉬 데이브레이크를 섬겼던 헨리 나우웬 신부의 말입니다. 나우웬의 이 말은 《하나님의 임재 연습》의 로렌스 수사를 떠올리게 합니다. 수도원에서 요리와 설거지를 도맡아 한 '부엌데기' 로렌스는 "계란 프라이 하나도 하나님을 사랑하는 마음으로 뒤집는다"라고 고백했지요. 저명한 영성신학자 유진 피터슨은 미국 복음주의 잡지 〈크리스채너티 투데이〉와 가진 인터뷰에서, "영성에 대한 가장 큰 오해는 어떤 특별한 형태의 그리스도인이 되어야 한다는 생각"이라고 지적한 바 있습니다. 이 인

[*]　　헨리 나우웬, 최종훈 옮김, 《제네시 일기》(포이에마, 2010), 55쪽.

터뷰에서 그는 설거지나 기저귀 갈기, 직장 일 같은 "그저 일상적인 일들"이 영성의 영역이므로, 일상적이고 평범한 것, 육체적이고 물질적인 것을 무시하는 태도야말로 영지주의의 한 형태인 '뉴에이지 영성'이라고 단언합니다.

그런 점에서 '신문 읽기'를 일상적인 영성 훈련 방법으로 강조한 영성 훈련 지도자의 실천적 조언이 무척 반갑습니다. 앞에서도 언급한 미국 IVF 사역자 출신으로 《영성 훈련 핸드북》을 쓴 애들 알버그 칼훈은 이 책에서 신문 읽기를 그리스도의 사랑을 실천하는 '정의' 훈련의 방법으로 제시한 바 있습니다. 그는 "신문을 읽고 사회문제에 대해 기도하는 모임을 시작하라"라고 제안하면서, 신문에 나온 "평화와 정의의 문제들에 대해 기도"한 뒤 "하나님이 당신에게 바라실 만한 행동에 대해 마음을 열라"라고 권면합니다. 아울러 잡지나 신문을 읽을 때 마음에 와닿는 기사나 사진을 일기에 스크랩하고 이를 활용하여 이 세상을 돌보시는 하나님의 일에 기도로 동참하라고 강조합니다.[*]

칼훈이 제시한 영성 훈련 방법은 제가 대학생 시절 신문을 읽거나 방송 보도를 접했을 때 그 내용을 일기나 기도

---

[*] 애들 알버그 칼훈, 양혜원·노종문 옮김, 《영성 훈련 핸드북》(IVP, 2007), 93쪽 참조.

노트에 메모하며 기도했던 방법이기도 합니다. 당시 직접 만들어 사용한 기도 노트에는 그날그날의 묵상 메모와 함께 '사회 기도 제목'을 적는 칸이 따로 있어서 기도 제목들을 기록하며 기도하거나, 때로 신문의 보도사진을 붙여 놓고 기도하기도 했지요.

PRAYER NOTE 1994. 10. 24. 月. 성수대교 붕괴 사건.
부실시공 기업과 관리책임자들이 자신들의 무책임과 불성실을 돌이킬 수 있도록, 그리스도인들이 사회적으로 각성할 수 있도록, 유가족과 피해자들에게 하나님의 위로가 임하도록…

어느 때인가는 "이스라엘과 팔레스타인해방기구PLO 간의 평화협정을 통한 평화 정착"을 위해, 어느 날엔 "아프리카 이슬람 근본주의 세력의 테러 행위 중단"을 위해 기도한 기록이 나옵니다. 또 다른 날엔 "북한의 봉수교회와 칠곡교회, 장충성당에 성령의 불길이 임하여 영적 대각성이 일어나도록, '남북에너지공동체' 구성 추진이 성사되어 대북 에너지 지원 및 에너지의 평화적 이용이 실현되기를" 간구한 기도 제목도 기록되어 있더군요.

이 기록들은 모두 지극히 평범하고 통상적인 일과 중

하나인 신문 읽기를 통해 개인 예배(기도)로 올려 드린 내용입니다. 골방에 넣어 둬야 할 개인 기도 노트를 굳이 열어 보인 건, 매체 기사를 읽고 기도해 오는 동안 제 묵상과 기도의 시야가 개인 신변을 넘어 이 나라와 세계 곳곳으로 넓어지더라는 '간증'을 나누고자 함입니다.

◇ 나우웬의 분별력과 실천력이 필요한 시대

헨리 나우웬은 제네시 수도원에서 수도사로 머무는 중에도 〈뉴욕타임스〉나 〈유에스뉴스 앤드 월드리포트〉 같은 신문을 읽고 기도하거나 다른 수도사들과 함께 기사를 공유하며 정부의 결단을 촉구하는 연대서명서를 발송하기도 합니다. 이렇듯 그는 "헌신적이면서도 광신에 빠지지 않으며, 열린 마음을 품으면서도 미온적이 되지 않는 자세"를 지닌 채 일상의 시선을 항상 사회와 정치 같은 공적 영역에 열어 놓고 있었습니다.

나우웬은 당시 칠레 피노체트 독재정권의 고문과 인권탄압 실상을 담은 '앰네스티(국제사면위원회) 보고서'를 읽고 충격을 받아 밤새 잠을 못 이룬 채 깊은 절망감에 빠지기도 했습니다. 신문에 보도된 한반도 정세를 염려하며 수도사들과 함께 중보기도 시간을 가지기도 했지요. 그뿐 아니라 북아프리카의 심각한 기아 사태에 대한 대책을 촉구하는 청원서에 전체 수도사의 서명을 받아 닉슨 미국 대통령에게 보내기도 했습니다.

이제껏 묵상과 기도의 시야가 주로 개인 신변에만 머물러 왔다면, 고개를 들어 내가 발 디딘 이 사회와 지구촌 곳곳의 이웃들에게로 시선을 조금씩 돌려보면 어떨까요. 이를 위해 신문과 잡지를 읽으면서 마음에 와닿는 기사 내용을 개인 기도로 조금씩 올려 드리면 어떨지요. 물론 신문이나 잡지가 한둘이 아닌 데다 요즘엔 나라 안팎으로 일부 단체나 매체들이 퍼뜨리는 '허위조작 뉴스fake news'가 판치는 지경이라, 어떤 매체를 읽어야 할지 막막할지도 모르겠군요. 그렇다면 주변에 좌로든 우로든 과하게 편향되지 않은 신뢰할 만한 리더에게 추천을 받는 방법이 있습니다.

과거와 달리 오늘날과 같은 정보기술혁명 시대에는 허위조작 뉴스가 페이스북이나 트위터 같은 SNS(사회관계망 서비스)나 카카오톡 같은 메신저 프로그램을 통해 워낙 빠르고 폭넓게 퍼져 나가면서 사회문제를 일으킬 정도입니다. "교회가 코로나 바이러스 테러를 당했다", "보건소 가면 무조건 코로나 양성이 나온다" 등 지난 2020년 8월 8·15 광화문집회 즈음의 허위조작 뉴스들이 대표적인 사례입니다. 이런 뉴스에 현혹되어 코로나 의심 증세가 있음에도 한 주가 지나도록 검사를 받지 않고 숨긴 결과, 가족은 물론 직장 동료나 일반 시민들에게까지 감염이 확산되는 사례가 한두 건이 아니었지요.

물론 비교적 신뢰도나 인지도가 높고 권위를 인정받는 언론사라면 허무맹랑한 기사나 허위조작 정보를 싣지는 않을 것입니다. 그럼에도 언론사와 기자(필자)의 의견 opinion을 마치 객관적인 사실fact인 양 교묘하게 쓰거나, 언론사와 기자(필자)의 의견과 주장을 뒤섞은 내용을 100퍼센트 팩트인 양 보도하는 경우가 적지 않기에 언론 수용자로서 안목과 지혜로운 선택이 필요합니다. 아울러 헨리 나우웬 신부처럼 '헌신적이되 광신에 빠지지 않는' 분별력과, '열린 마음을 품되 미온적이 되지 않는' 실천력이 요구된다 할 것입니다.

묵상과
사회적 영성

◇ **'묵상'하거나 '묵살'하거나**

좋아하는 작가 중에 미국의 영성 작가이자 묵상가 켄 가이어가 있습니다. 일상의 갈피마다 찾아오시는 하나님의 임재를 감성 넘치는 문체로 전하는 그의 글들은 깊은 울림을 안겨 줍니다. 그의 《묵상하는 삶》을 읽다가 충격적인 구절에 절로 눈이 멈췄습니다. 17세기 미국 청교도의 전형적인 묘비명을 인용한 대목이었는데, 잘못 봤나 싶어 몇 번을 읽고 또 읽었습니다.

195

생전에 주님께서 그 손에 붙이신 98명의 인디언을 죽이다.

뉴욕주 자택에서 예수님의 품안에 잠들 때

연말까지 100명을 채우는 것이 꿈이었다.[*]

'청교도'는 16-17세기 영국의 종교개혁운동을 주도한 개혁주의자들로, 종교개혁자 칼뱅의 신학과 가르침을 신봉하고 성경의 권위를 중시했던 사람들입니다. 16세기 영국 국교회의 도덕적·영적 '정화purify'를 요구했다 하여 '퓨리턴 Puritan'이라 불린 이들은, 엘리자베스 1세와 뒤를 이은 제임스 1세 때 모진 박해를 당하다가 1620년 9월 6일 영국 플리머스항에서 메이플라워호를 타고 신대륙을 찾아 나서지요. 이들의 개혁운동을 통해 나온 결과물이 바로 《흠정역 성경*The King James Version*》(1611)입니다.

그토록 성경을 중시하고 교회를 맑게 하는 일에 힘쓰다 투옥되고 쫓겨나기까지 한 이들이 '인디언 100명을 죽이는 것이 꿈'이라는 묘비명을 새긴다는 게 이해가 되시는지요? 그들의 신앙과 그들이 신앙하는 대상이 우리가 아는 기독교와는 달랐던 걸까요? 아니면 400여 년이라는 역사

---

[*]   켄 가이어, 윤종석 옮김, 《묵상하는 삶》(두란노, 2007), 37쪽.

적·시대적 간극 때문일까요? "예수님을 주님이라 부르는 이들이 이런 일을 자랑삼는 것이 상상이 안 된다"라고 한 켄 가이어의 말이 딱 제 심정이었습니다.

당시 청교도가 그런 묘비명을 남기게 된 이유를 켄 가이어는 세상을 대하는 그들의 두 가지 방식에서 찾았습니다. 다름 아닌 '객관화'와 '성화聖化'입니다. 객관화 방식은 세상에 존재하는 모든 것을 자신의 '소용 가치'에 따라 대하는 태도를 말하며, 이는 곧 오만함에서 나온 결과입니다. 반면, 성화의 방식은 세상을 단순히 이용 대상이 아니라 하나님께 지음받은 대상으로 대하는 태도로, 이 세상의 모든 존재를 존중의 마음으로 바라봅니다.[†]

이렇듯 세상을 대하는 방식은 결국 세상을 지으시고 주관하시고 다스리시는 하나님을 대하는 태도에서 말미암는다는 게 제 생각입니다. 하나님을 경외함으로 그가 지으신 세상과 모든 피조물을 청지기(섬김이)의 마음으로 대하는 이들은 인간이든 동식물이든 모든 존재를 존중의 태도로 대할 것입니다. 반면, 자신의 소용 가치에 따라 하나님을 대하는 이들은 결국 인간을 포함한 모든 피조물을 자기 유

[†]   켄 가이어, 《묵상하는 삶》, 35-36쪽 참조.

익을 위한 수단으로 바라볼 것입니다. 유대인 신학자 아브라함 요수아 헤셸의 지적이 죽비처럼 다가오는 이유가 여기 있습니다.

> 자만에 젖어 경외의 능력을 잃으면 우주는 한낱 시장市長이 되고 만다.[*]

헤셸의 표현을 빌려, '경외의 능력을 잃은' 그리스도인을 어떻게 봐야 할까요? 하나님을 향해, 그분의 말씀에 대해 경외의 능력을 잃어버렸다면, 그가 정녕 그리스도인일 수 있을까요? 날마다 꾸준히 말씀을 묵상하고 기도하는 데도 경외의 능력을 잃어버릴 수 있을까요? 저는 그럴 수 있다고 봅니다. "만물보다 거짓되고 심히 부패"한(렘 17:9) 인간의 죄성으로는 얼마든지 자신의 이용 가치에 따라 말씀을 수단화할 수 있을 것이기 때문입니다. 성경을 묵상한다면서 결과적으로는 하나님 말씀을 '묵살ignoring'하는 일이 가능하다는 것이지요.

---

[*] 켄 가이어,《묵상하는 삶》, 36쪽에서 재인용.

◇ 청교도의 복음 vs. 인디언의 복음

《시튼 동물기》로 유명한 박물학자 어니스트 시튼이 엮은 《인디언의 복음 *The Gospel of the Redman*》이라는 책이 있습니다. (우리말로는 《인디언 영혼의 노래》로 재출간되었지요.) 인디언의 삶과 영성, 문화에 관해 시튼이 평생에 걸쳐 모은 자료를 바탕으로 쓴 작품입니다. 원고를 다 완성하고 나서 두명의 장로교 목사에게 보여 주니 "현대 장로교회가 가르치는 것과 정확하게 일치합니다"라고 했다지요.

이 책 앞부분에 백인과 인디언의 영성과 문명을 비교하는 구절이 인상적입니다. 물질적인 백인 문명에서 성공 척도는 '자신을 위해 얼마나 많은 재산을 모았는가How much property have I acquired for myself?'에 있습니다. 반면, 영적인 인디언 문명에서 성공 기준은 '동족들을 위해 얼마나 많은 봉사를 했는가How much service have I rendered to my people?'에 있습니다. 여기서 잠시 생각해 봅시다. 성공에 대한 가치관을 놓고 볼 때, 개신교 교파인 청교도 중심의 백인 문명과 그들이 미개하다 여기던 인디언 문명 가운데 과연 어느 쪽이 더 기독교 정신에 부합하는 걸까요?

1936년에 첫 출간된 바 있는 이 책 '후기'에서 시튼은

"백인의 문명은 실패작"이라고 수차례 단언하면서, "명명 백백하게 돈에 대한 광기가 그 모든 문제의 가장 큰 원인"이라고 덧붙입니다.[*]

그의 이러한 진단은 오늘날 현대 자본주의 문명 전체에 대한 선지자적 비판처럼 느껴집니다. 시튼은 자신을 위한 부의 축적이 성공 기준이 되는 백인 문명은 "한 사람의 백만장자와 백만 명의 거지를 만든다. 그 문명의 재앙 아래서 완전한 만족은 없다"라고 강조합니다.[†]

책에는 부의 축적보다 더불어 살아가는 삶을 중시하는 인디언의 영성을 잘 보여 주는 일화로 '늙은 양파 장수' 이야기가 나옵니다. 멕시코시티의 대형 시장 구석에서 양파를 파는 인디언 노인 포타-라모에게 시카고에서 온 미국인이 양파를 사려고 흥정을 벌입니다. 그가 양파 스무 줄 전부를 사겠다고 하자, 포타라모는 단호하게 거절합니다. 왜 안 파느냐고, 양파 팔러 나온 거 아니냐고 되묻는 미국인에게 인디언 노인이 담담히 대답합니다.

나는 내 삶을 살려고 여기에 있습니다. 나는 이 시장을 사랑

[*]   어니스트 톰프슨 시튼, 김원중 옮김, 《인디언의 복음》(두레, 2000), 234쪽.
[†]   어니스트 톰프슨 시튼, 《인디언의 복음》, 236쪽.

합니다. … 햇빛과 바람에 흔들리는 종려나무를 사랑합니다. 나는 페드로와 루이스가 '부에노스 디아스'라고 와서 인사하고 담배를 태우며 아이들과 곡물에 관해 얘기하기를 좋아합니다. 나는 친구들을 만나는 것을 좋아합니다. 이런 것들이 내 삶입니다. 그것을 위해 나는 종일 여기 앉아서 20줄의 양파를 팝니다. 그러나 내가 내 모든 양파를 한 손님에게 다 팔아 버린다면, 내 하루는 끝이 납니다. 그럼 나는 내가 사랑하는 것들을 다 잃게 되지요.‡

◇ **묵상, 사회적 영성**

디트리히 본회퍼는, 신앙은 전능자와 종교적으로 관계 맺는 일이 아니라 예수의 '타자를 위해 현존'에 참여하는 일이라고 정리한 바 있습니다. 유고집으로 나온 《옥중서신—저항과 복종》을 보면, 본회퍼가 기독교 신앙에 관한 집필 구상을 밝히는 대목이 나오는데 그 내용을 담은 "어떤 저작의 초안" 2장에 다음 글이 있습니다.

‡ 어니스트 톰프슨 시튼, 《인디언의 복음》, 171-172쪽.

예수의 "타자를 위한 현존"이야말로 초월 경험이다! 자기 자신에게서 벗어나는 것과 죽을 때까지 '타자를 위해 존재하는 일'에서 비로소 전능, 전지, 편재遍在가 비롯된다. 신앙은 이러한 예수의 존재에 참여하는 것이다(성육신, 십자가, 부활). 우리가 하나님과 맺는 관계는 대단히 높고 전능하며 가장 뛰어난 존재와 종교적으로 맺는 관계가 아니다. 그것은 … '타자를 위해 존재하고' 예수의 존재에 참여하면서 새로운 삶을 사는 것이다.[*]

자기 자신에게서 벗어남, 타자를 위해 존재함이란 곧 자기부인, 이웃 사랑 아니겠는지요. 그러니 "예수의 '타자를 위한 현존'"에 참여하는 그리스도인의 삶은 근본적으로 타자 섬김이며, 따라서 기독교 신앙과 영성을 하나님과 나 사이의 개인적 차원의 일로만 좁게 이해해서는 안 될 일입니다.

이 점에 대해 기독교 제자도와 영성에 큰 영향을 끼친 신학자로 평가받는 달라스 윌라드는 《마음의 혁신》에서 다음과 같이 강조합니다.

* 디트리히 본회퍼, 김순현 옮김, 《옥중서신—저항과 복종》(복있는사람, 2016), 367-368쪽.

좋든 나쁘든 영성 개발은 언제나 극히 사회적인 일이다. 우리는 그것을 나한테만 묶어 둘 수 없다. 영성 개발을 단순히 사적인 문제로 생각한다면 그것은 오산이다. '그저 하나님과 나만의 일이다'…라고 말하는 사람이 있다면, 그것은 '나'는 물론 하나님까지 오해한 것이다. 엄격히 말해 '하나님과 나만의 일'이란 없다. 하나님과 나 사이의 모든 것이 내 존재에 영향을 끼치고 그것이 다시 주변 모든 사람과의 관계를 바꿔 놓기 때문이다.[†]

대다수 한국 교회는 여전히 신앙과 영성을 극히 사사롭고 개인적 차원의 일로 여기는 경향이 강한 듯합니다. 널리 쓰이는 '개인 경건생활', '개인 경건훈련' 등의 표현이 이를 반증합니다. 이러한 개인 경건생활의 대표 항목 중 하나인 성경 묵상 또한 주로 개인적이고 사적인 영성으로 강조되어 왔습니다. 그러나 묵상이 예수의 존재("타자를 위한 현존")에 참여하는 실천적 신앙 활동의 하나라는 점, 나아가 묵상의 목적지가 '자기계발'이나 '자기완성'이 아닌 '새 계명—이웃 사랑'에 있다는 점을 잘 새겨 두어야 합니다.

[†]   달라스 윌라드, 윤종석 옮김, 《마음의 혁신》(복있는사람, 2003), 308쪽.

4부

이웃과 세상으로 다가서는 묵상

복음주의 신앙선언과
공적 신앙

◇ **옥 장로, <로잔 언약>을 접하다**

대학생 시절, 신앙공동체 후배들 사이에서 저는 '옥 장
로'로 불렸습니다. 복음주의 대학생 선교단체에서 늦깎이
회심자가 된 이후 얻은 별명이었지요. 갓 회심한 초신자였
지만 나이나 학번이 제일 위여서 그리 불렀습니다. 어쩌면
제가 지나치게 무게를 잡고 다녔는지도 모를 일입니다.

IVF(한국기독학생회)에서 신앙훈련을 받고 공동체로 살
고 경험한 나날들은 제 인생에서 손꼽히는 은혜의 시간이

자 축복의 시절입니다. 감히 확신을 담아 고백하건대, 그때 함께한 공동체와 지체들이 있었기에 오늘의 제가 있습니다. 그들과 함께한 시간이 없었다면, 당시 내적 분노와 우울, 자기혐오과 허무감에 수시로 붙들리던 제 삶이 어찌 되었을지요.

1980년대 후반의 시대 상황은, 한반도 남단 섬마을에서 갓 상경한 대학 새내기에게는 숨 막히도록 무겁고 암울하게 다가왔습니다. 캠퍼스 안팎에서 군사정권의 독재와 인권탄압에 항거하는 시위가 빈번해지고 그 과정에서 죽임당한 학생들이 생겨났습니다. 당시 치안본부 남영동 대공분실 509호에서 가혹한 폭행과 고문에 시달리다 사망한 박종철 학우(서울대 언어학과), 박종철 고문살인과 은폐에 항의하는 시위를 벌이던 중 전투경찰이 직격 발사한 최루탄에 머리를 맞아 사망한 이한열 학우(연세대 경영학과). 1987년 6·10민주화운동의 도화선이 된 그들의 죽음을 접하며 동시대를 살아가는 청년으로서 내가 그들일 수 있었다고 생각한 이가 저 하나만은 아니었을 테지요. 당시 숨 막히던 캠퍼스 안팎의 상황에서 저는 짱돌을 집어 드는 결기보다는 자퇴를 고민하는 도피로 기울었습니다.

우여곡절 끝에 병역을 마치고 복학한 1990년대 초반

의 캠퍼스는 학내민주화 시위와 등록금인상 반대 시위가 끊이지 않았지요. 자연히 공권력의 강제연행과 폭력진압이 빈번했고, 그 과정에서 강경대 학우(명지대 경제학과)가 경찰 사복체포조(일명 '백골단')의 집단구타로 사망하는 사건이 발생합니다. 이 사건 이후 노태우 정권의 사과와 책임자 처벌을 요구하는 대학생들의 분신자살이 잇따릅니다. 일련의 시국 상황을 지켜보면서 예비역 복학생이던 저는 여전히 캠퍼스에 마음을 붙이지 못하고 있었습니다. 그러던 차에 노천극장 곁을 지나다가 묘한 대자보를 하나 보게 되었지요.

"학우들이 죽어 가는 현 시국과 관련하여 함께 모여 기도합시다. 시간과 장소는…"

당시 사회 상황을 놓고 함께 모여 '기도'하자는 캠퍼스 선교단체 대자보였습니다. 그 내용을 읽고 또 읽으며 한참을 서 있었습니다. 대학 입학 이후 그때까지 사회문제나 시국 상황과 관련하여 기도회를 촉구하는 대자보는 처음 접했으니까요. '이런 기독동아리도 있구나.' 신기한 마음과 묘한 감동에 사로잡혀 대자보를 붙인 단체 이름을 보고 또 보았습니다. '저기라면 나도 신앙생활을 해볼 수 있지 않을까' 하는 마음이 든 건 우연이었을까요.

그로부터 얼마 지나지 않아 제 발로 그 단체의 동방(동아리방)을 찾아갔습니다. 때마침 함께 자취하던 후배가 자기도 좋은 기독동아리를 찾고 있었다며 저와 동행하겠다고 나서지 뭡니까. 목사 아들이던 믿음 좋은 그 후배가 아니었다면 혼자서 그 단체 동방을 찾아가기란 결코 쉽지 않았을 겁니다. 일대일 성경공부를 시작으로 소그룹과 수련회를 통해 여러 신앙훈련을 받게 되었고, '복음주의학생운동사' 같은 기독학생운동사 강의도 들었습니다. 거기서 처음으로 존 스토트, 빌리 그레이엄 같은 이름을 접했고, 특히 〈로잔 언약〉을 배우면서 노천극장의 '학우들이 죽어 가는 시국에 대해 기도하자'던 그 대자보가 비로소 이해되기 시작했습니다.

◇ 로잔 언약, 복음 전도와 사회적 책임

우리는 하나님이 모든 사람의 창조주이시요, 동시에 심판자이심을 믿는다. 그러므로 우리는 인간 사회 어느 곳에서나 정의와 화해를 구현하고 인간을 모든 종류의 억압으로부터 해방시키려는 하나님의 관심에 동참하여야 한다.

We affirm that God is both the Creator and the Judge of all men. We therefore should share his concern for justice and reconciliation throughout human society and for the liberation of men and women from every kind of oppression.

1974년 스위스 로잔에서 열린 세계복음화국제대회의 공식 선언문인 〈로잔 언약〉 제5항 첫머리입니다. 온 세상 온 인류의 창조주요 심판자이신 하나님이 세상 곳곳에 정의와 화해를 실현하시며, '모든 종류의 억압으로부터 인간을 해방'하시는 데 관심을 갖고 계시다는 이 놀라운 구절은 크나큰 감동으로 다가왔습니다. 그때까지 제가 알았던 신은 군사독재 치하에서 고통당하고 억압당하는 시민들, 불의한 권력의 폭압에 죽임당한 학생들, 극심한 굶주림으로 죽어 가는 제3세계 아이들이나 아파르트헤이트 같은 반인간적 인종차별 같은 세상사에는 도무지 관심도 없을뿐더러 아예 멀찍이 떨어져 팔짱만 끼고 있는 냉랭한 절대군주 이미지였기 때문입니다. 그런 제게 〈로잔 언약〉은 하나님에 대해, 복음 전도에 대해, 특별히 '그리스도인의 사회적 책임'에 대해 새로운 눈을 뜨게 해 주었습니다.

이 사실을 우리는 등한시해 왔고, 때로 복음 전도와 사회참여를 서로 상반된 것으로 여겼던 것을 뉘우친다. 물론 사람과의 화해가 곧 하나님과의 화해는 아니며 또 사회참여가 곧 복음 전도일 수 없으며 정치적 해방이 곧 구원은 아닐지라도, 우리는 복음 전도와 사회 정치적 참여가 우리 그리스도인의 의무의 두 부분임을 확언한다. 이 두 부분은 모두 하나님과 인간에 대한 우리의 교리, 이웃을 향한 우리의 사랑, 그리고 예수 그리스도에 대한 우리의 순종을 나타내는 데 필수적이다. 구원의 메시지는 모든 소외와 억압과 차별에 대한 심판의 메시지를 내포한다. … 우리가 선포하는 구원은 우리로 하여금 개인적 책임과 사회적 책임을 총체적으로 수행하도록 우리를 변화시켜야 한다. 행함이 없는 믿음은 죽은 것이다.[*]

존 스토트가 초고를 집필한 〈로잔 언약〉은 '20세기 복음주의의 기념비적 이정표'로 일컫는 신앙선언문religious manifesto으로, 세계 150개국의 복음주의 대표들이 일치를 이룬 신앙 고백입니다. 〈로잔 언약〉 외에도 〈베를린 선언〉(1966), 〈마닐라 선언〉(1989), 〈암스테르담 선언〉(2000) 등 전

---

[*] 〈로잔 언약〉 제5항 일부. 제임스 패커 · 토마스 오덴, 정모세 옮김, 《복음주의 신앙 선언》(IVP, 2014), 262-263쪽.

세계 복음주의 그리스도인들이 모여 대화와 토론과 기도를 거쳐 작성하고 채택한 신앙선언문이 적지 않습니다. 특히 "21세기 복음 전도를 위한 헌장"이라는 부제가 붙은 〈암스테르담 선언〉은 제11항에서 다음과 같이 언명합니다.

> 우리의 복음 전도가 가난의 문제를 누그러뜨리고, 정의를 지지하며, 세속 권력과 경제 권력의 악용을 반대하고, 인종차별주의에 맞서며, 지구 환경에 대한 책임 있는 청지기 의식을 증진시키는 것과 연결될 때, 복음 전도는 그리스도의 긍휼을 반영하며, 그렇지 않았더라면 얻지 못했을 수용을 얻을 것이다. 우리는 가정과 사회생활에서 정의의 길을 따를 것과 우리가 복음화할 때 인격적, 사회적, 환경적 가치를 계속 염두에 둘 것을 서약한다.[*]

아울러 제2차 세계복음화국제대회에서 나온 〈마닐라 선언〉은 "성경적 복음에는 언제나 사회적 적용이 내포되어 있다는 사실을 인정"하면서, 선교의 사회적 측면을 강조합니다.

참된 선교는 언제나 성육신적이어야 한다. 참된 선교를 위해서는 겸허하게 그 사람들의 세계에 들어가서 그들의 사회적 현실, 비애와 고통 그리고 압제 세력에 항거하며 정의를 위해 투쟁하는 그들의 노력에 동참할 필요가 있는 것이다.[†]

◇ 복음주의 신앙선언문에서 배우는 공적 신앙

그리스도인들이 예배 때마다 공동 신앙 고백으로 암송하거나 낭독하는 〈사도신경〉은 그 이름(*Symbolum Apostolicum*, Apostle's Creed)과는 다르게 사도들이 직접 짓지 않았습니다. 기독교 복음의 정수를 담은 이 고백문은 니케아종교회의(325), 콘스탄티노플회의(381), 에베소회의(431), 칼케돈회의(451) 등을 거치면서 지금의 형태로 다듬어졌습니다. 중요한 종교회의를 통해 당시의 이단적 교리에 대한 변증적 차원에서 수정 보완되어 지금에 이른 것이지요.

앞서 인용한 복음주의 선언문들도 현대 교회사에서 중요한 의미를 지니는 일종의 종교회의를 통해 공적으로

[†]   〈마닐라 선언〉 A. 4항 일부. 제임스 패커·토마스 오덴, 《복음주의 신앙 선언》, 219쪽.

작성되고 선포되었습니다. 그러니 신앙 기본기를 다지기 위해 교리문답서를 꼼꼼히 읽고 공부하듯, 성경과 복음, 교회와 그리스도인의 사명에 대한 이해를 깊게 하기 위해 역사적인 신앙선언문을 읽고 공부하는 것이 유익합니다. 이 역사적인 복음주의 선언문들은 "신학적으로 편협한 관점을 가지고 있다는 비난을 받아 온 복음주의에 강력하고 역사적인 토대를 심어 주고"(리처드 마우), "우리의 관점을 재조정하고 용기를 가지도록 북돋워"(존 스토트) 줍니다.

《복음주의 신앙 선언》을 함께 쓴 저명한 신학자인 제임스 패커와 토마스 오덴은 책의 '서론'에서 이 선언문들이 "복음주의 그리스도인들이 자신이 믿고 있는 바의 본질과 핵심을 확정하고자 애쓴 노력의 산물"임을 강조합니다. 그런 점에서 이들 선언문은 복음주의 신학의 핵심 교리와 신조라 해도 과언이 아닐 것입니다. 이 신앙선언문들을 곰삭혀 읽고 묵상함으로써 "실제적으로나 잠재적으로 그릇된 믿음, 혹은 적어도 그릇된 이해"에 맞서 신앙의 공공성, 복음의 사회적 의의에 눈뜨게 되기를 바라는 마음 간절합니다.

묵상의 정치학 1
묵상으로 정치하기

◇ **그리스도인이 주의할 말, 그리고 '정치'**

영성신학자 유진 피터슨은 "그리스도인은 자신이 사용하는 말과 그 말을 사용하는 방법에 대해 매우 주의해야" 함을 강조한 바 있습니다. 이를테면 '영적'이라는 말이 그렇습니다. 그리스도인들이 아주 흔하게 쓰는 이 단어는 "성聖과 속俗, 안과 밖, 세련된 종교적 감수성과 일상생활에 필요한 거추장스러운 일들—기저귀를 갈고, 세금을 내고, 바꿀 수 없는 직업에 책임을 다하는 것 등—을 갈라놓는 표

215

시처럼 보일 때가 너무 많"기에 조심히 사용해야 한다는 거지요.*

　개인적으로는 '하나님 뜻 God's will'이라는 말을 각별히 주의하여 쓰는 편입니다. 아니, 거의 사용하지 않는 편입니다. 저 자신뿐 아니라 가족들 사이에서나 교회 공동체 관련 상황에서도 입 밖에 내지 않으려 합니다. 물론 성경 본문의 표현을 읽거나 인용할 경우를 제외하고 말이지요. 거창한 이유가 있는 건 아닙니다. 무엇보다 '하나님 뜻'은 제가 결코 쉽사리 알 수도 없고 섣불리 판단할 수도 없는 영역이기에 그렇습니다. 또한 제가 만나 온 신앙인들 중 '하나님 뜻'을 자주, 흔히 언급하는 이들일수록 대체로 미덥지 않았습니다. 신뢰하기 어려웠단 얘깁니다. 가만히 들어 보면 그들은 자기 생각이나 의견에 무게와 권위를 덧입히려 '하나님 뜻'이라는 말을 붙이곤 했기 때문이지요. (다른 경우지만, '종북', '좌파' 같은 말을 자주 내뱉는 이들 또한 그다지 신뢰하지 않습니다. 특정 대상에게 부정적 이미지를 덧칠하여 공격하거나 깎아내리려고 쓰는 경우가 흔하기 때문입니다.)

　이와 달리 '정치'라는 말은 한국 교회 안에서 지나치

＊　　유진 피터슨, 양혜원 옮김, 《사랑하는 친구에게》(IVP, 2018), 28-29쪽 참조.

게 주의하여 사용하거나 굉장히 잘못 쓰여 온 단어가 아닌가 합니다. 무엇보다, 정치는 '영적'이지 않은 '세속' 영역인데다 부패하고 타락한 분야 아니냐는 부정적인 인식이 지배적인 듯합니다. 그러니 공동묘지처럼 멀리 떨어뜨려 놓거나 길바닥 개똥처럼 피해 가야 하는 것으로 여깁니다. 그런데 과연 정치라는 것이 신앙과 무관하며 신앙인들이 멀리해야 하는 영역일까요?

전 세계 복음주의 리더였던 존 스토트는 정치를 두고 "공동체 안에서 함께 살아가는 기술"이라고 했습니다. '폴리스(*polis*, 도시국가)'에서 이뤄지는 삶과 '폴리테스(*politēs*, 시민)'가 져야 하는 책임을 뜻하는 말인 '정치politics'는 곧 시민 개인이 모여 살아가는 국가 공동체 안에서 모두 함께 잘 살아가기 위한 기술이라는 것이지요.[†]

미국의 저명한 교육자요 사회운동가인 파커 J. 파머도 정치를 공동체 구성원의 공존공영을 위한 중요한 활동으로 정의합니다. 제대로 이해하고 보면 정치란 "권력을 잡기 위한 야바위 노름"이나 "서로 비난만 해대는 두더지 잡기 게임"이 아니라 "공동체를 창조하기 위한 오래되고 고귀한

[†] 존 스토트, 정옥배 옮김, 《현대 사회 문제와 그리스도인의 책임》(IVP, 2005, 제3판), 34-35쪽 참조.

인간적인 노력"이라는 것입니다. 퀘이커 신자인 파머는 정치를 통해 "강자만이 아니라 약자도 번영할 수 있고, 사상과 권력이 협력할 수 있으며, 정의와 너그러움이 함께 실현될 수 있다"라고 강조합니다.[*]

한국의 정치학자 하승우 박사도 존 스토트나 파커 파머와 비슷한 관점으로 정치를 논하고 있어 흥미롭습니다. 그는 정치를 "공동체를 유지하는 기술"이며 "공동체의 운명과 지속성에 관한 기본적인 합의를 만드는 과정"이라고 정의합니다.[†]

결국 정치란 "인간을 인간이게 하는 고유한 활동"이라고 한 정치철학자 한나 아렌트의 말처럼, 하나님 형상을 지닌 인간이 공동체 안에서 그 형상을 온전히 드러내며 살아가도록 돕는 행위 아닐까 합니다.

---

[*]   파커 J. 파머, 김찬호 옮김, 《비통한 자들을 위한 정치학》(글항아리, 2012), 41쪽.

[†]   강남순·하승우·전성원·류은숙·정지우·홍세화·김민섭·천주희, 《무엇이 우리를 인간이게 하는가》(낮은산, 2018), 134, 136쪽 참조.

◇ 공공 영역에서 기독교가 '잘못된 정치'를 할 경우

지금까지 살펴본 정치에 대한 정의와 견해에서 그리스도인이 정치를 멀리하거나 부정적으로 여길 만한 이유는 어디에도 없습니다. 오히려 그리스도인으로서 정치를 정치답게 만들기 위해 더 적극적으로 행동해야겠다는 생각을 들게 합니다. 정치가 정치답지 못하고 제대로 작동하지 않을 때, 공동체의 지속가능성은 크게 약화될 것이고("이게 나라냐!"), 그 안에서 살아가는 '하나님의 형상' 또한 일그러지거나 손상될 것입니다("우리는 기계가 아니다!").

만일 우리가 속한 국가 공동체와 사회의 공공 영역이 하나님 나라 질서와 가치에 어긋날 때, 그건 교회와 신앙과는 무관한 일이라며 등을 돌린다면 어떤 일이 빚어질까요? 조직신학자 김동건 교수는, 한국 교회 현실을 짚으면서 기독교가 공공 영역에서 자기 역할을 잃게 되면 사회 전체가 기독교 가치관에서 멀어지는 결과를 낳는다고 지적합니다.

기독교는 공적 영역을 거의 상실했으며, 교회생활을 중심으로 하는 종교적 영역과 개인의 내면에 치중하는 사적인 영역으로 물러갔다. 기독교가 공적인 영역에서 그 역할을 상실할

때, 이 사회가 기독교 가치관과 멀어지는 것은 당연하다.[*]

기독교가 국가 공동체나 사회적 영역에서 제 역할을 잃어버리는 것도 문제지만, 그릇된 역할을 하는 경우 역시 큰 문제가 아닐 수 없습니다. 미국 풀러신학교 초대 총장인 헤럴드 오켄가는 《복음주의자의 불편한 양심》 서문(1947)에서 미국 교회를 향해 이렇게 지적한 바 있지요.

성경을 믿는 그리스도인이 전쟁, 인종차별, 계급 격차, 노동권 … 제국주의와 같은 사회문제와 관련해 잘못된 편에 서 있다면, 이제 담을 넘어 올바른 편에 서야 할 때가 왔다. 교회에는 대사회적 메시지를 지닌 진보적인 근본주의가 필요하다.[†]

오켄가가 지적한 바와 같이, 우리 역사에도 교회나 그리스도인이 잘못된 편에 서거나 그릇된 역할을 한 예를 쉽게 찾을 수 있습니다. 날마다 성경을 읽고 묵상하며 기도하고 교회에 빠지지 않고 열심히 신앙생활을 하면서 자신이 꿈꾸는 기독교 국가 건설을 추진해 나간 인물이 있습니다.

[*]   김동건, 《김동건의 신학이야기》(대한기독교서회, 2014), 308쪽.
[†]   칼 헨리, 박세혁 옮김, 《복음주의자의 불편한 양심》(IVP, 2009), 13쪽.

그는 일제 강점기에는 독립운동에 몸을 담았으나 해방 이후 친일부역자들을 역사 법정에 세우는 '반민족행위자 처벌에 관한 특별위원회'(반민특위)를 강제해산한 뒤 그들을 정부 요직에 내세운 이승만 대통령입니다.

이승만 정부는 당시 '기독교 정권'이라 불릴 정도로 정부 내 기독교인 비율이 높았고 정부 행사 때도 기독교 의식儀式을 제도화할 정도였습니다. 문제는 그것이 "사랑, 평등, 정의 같은 기독교의 이상을 국가제도 속에 구현하려는 노력이라기보다 자신의 신앙을 일방적으로 국가적 차원에서 실천하고 정치적·개인적 이해관계에 따라 기독교인들을 중용하는 차원"에 불과했다는 것이지요. 이 시기 한국 기독교는 정권과의 긴밀한 유착 관계를 통해 온갖 특권과 특혜를 누렸고, 이승만은 1960년 정·부통령선거에서 정치 깡패까지 동원하는 3·15부정선거를 저지릅니다. 그 결과 4·19혁명이 일어나 권좌에서 물러납니다.‡

오늘날에는 일부 교회와 교회 지도자들의 과잉 정치화가 사회적 문제가 되는 상황입니다. 집회와 결사(結社, 단체 조직)의 자유가 보장된 민주국가에서 집회나 시위 같은

‡   류대영, 《한 권으로 읽는 한국 기독교의 역사》(한국기독교역사연구소, 2018), 302쪽 참조.

정치적 행위 자체를 문제 삼을 수 없으며 그래서도 안 되겠지요. 문제는 그 행위가 공동체를 정의롭게 세워 나가고 모든 구성원(강자든 약자든)이 함께 번영하는 데 기여하느냐, 아니면 도리어 위태롭게 하느냐일 겁니다. 후자의 경우라면, 오켄가의 지적대로 '잘못된 편'에 서서 정치를 오염시키는 반反정치 아닐는지요. 전 세계적 감염병 재난으로 공동체 전체가 신음하는 시기에 사회와 이웃을 위태롭게 하는 교회의 정치적 행동을 대다수 믿지 않는 이들은 어떻게 받아들일까요? 젊은이들이 죽어 나가던 폭압적인 독재정권 아래서는 독재자를 여호수아 같은 지도자라고 칭송하면서 정권의 불의에는 침묵하던 교회가, 민주화 이후 오늘에 이르러서는 정권 타도를 외쳐대며 대대적인 정치 행위에 앞장서는 이 상황을 어떻게 받아들여야 할까요?

구약 예레미야서에는 이스라엘 공동체와 그 구성원들을 생사의 갈림길에서 죽음으로 내모는 역할을 수행한 종교 지도자들과 예언자들이 나옵니다. '눈물의 예언자' 예레미야가 활동한 당시 유다 왕국은 요시야로부터 시드기야가 통치하던 시기로, 바벨론 제국의 침공으로 멸망의 위기에 놓여 있었습니다. 이때 종교 지도자들은 아무런 부끄러움도 없이 "평강하다, 평강하다" 하며 거짓 희망을 외치거나(렘 8:11-13), 하나냐를 비롯한 예언자들은 유다 백성들이 바벨론 왕을 섬길 일은 없을 것이며 빼앗긴 성전 기물들도 예루살렘으로 돌아올 거라고 하나님의 이름으로 거짓 예언을 합니다(렘 27:14-16, 28:1-4). 그들과 정반대로 예레미야는 시드기야 왕과 유다 백성들에게 "바벨론 왕의 멍에를 목에 매고" 그 왕과 그 나라 백성을 섬기는 것만이 멸망을 면하는 길이라고 호소하지요(렘 27:11-13).

예레미야 같은 예언자나 지도자들이 더 있었다면 어떻게 되었을까요? 안타깝게도 유다 왕국은 시드기야 왕을 끝으로 바벨론 제국에 멸망당했고, 백성들은 바벨론으로 끌려가 70년이나 고통에 찬 세월을 보내게 됩니다. 이렇듯 사회나 교회의 지도자들이 공동체가 잘 유지되고 구성원들이 지속가능한 삶을 누리게 하는 역할 곧 정치를 잘못 수행할 때, 결국 그 공동체는 파멸에 이를 수도 있음을 기억해야 합니다.

◇ **묵상으로 정치하기: 한반도 평화를 위하여**

그들이 평온함으로 말미암아 기뻐하는 중에 여호와께서 그들이 바라는 항구로 인도하시는도다. 여호와의 인자하심과 인생에게 행하신 기적으로 말미암아 그를 찬송할지로다(시 107:30-31).

2018년 4월 27일 말씀을 묵상하던 중에 제 시선과 마음을 붙든 채 한동안 기도하게 만든 구절입니다. 그날은 남북정상회담이 열리는 날로, 제가 말씀을 묵상하던 그 시각 남과 북의 두 정상은 회담장소인 판문점으로 제각기 이동 중이었습니다.

이날 본문은 하나님은 거센 풍랑을 만난 배와 배에 탄 사람들을 평온함 가운데 그들이 바라는 항구로 인도하시는 분이시며, 우리 인생에 그와 같은 '기적'을 베푸시는 하나님을 찬양하는 내용입니다. 말씀을 묵상하는데 한반도가 처한 상황과 남북정상회담이 떠올랐습니다. 지난 10여 년을 남과 북은 긴장과 갈등, 대치 상황을 이어왔으며, 전쟁 위기설이 외신에 수시로 보도되고 실제로 전쟁이 발발하더라도 전혀 이상하지 않을 극단의 시간이 흐르고 있었지요. 그러니 거센 풍랑 가운데 처한 남북관계를 하나님께서 친히 평온함 가운데 평화의 항구로 인도해 주시기를 간구하고 또 간구하는 건 자연스러운 일이었지요.

묵상은 사적 영역에서 이뤄지는 활동이면서 공적 영역의 주제와 이슈까지 아우르고 품는 신앙 행위입니다. 개인 공간에서 혹은 소그룹 안에서 개별적으로 묵상하지만, 전 세계의 평화와 분쟁, 재난과 비참을 품고 하나님 앞에 기도와 간구로 나아갈 때는 공공성을 띠는 것이지요. 이를 통해 우리는 우리가 살아가는 세계와 온 인류를 서로 조화롭고 다 함께 번영하는 길로 이끄는 올바른 '정치'에 참여하게 됩니다.

묵상의 정치학 2

예언자들의 사회참여

◇ **세상 가운데 살되 속하지 않은**

　　그리스도인은 세상 속으로into the world 보냄 받은 하나님 나라 백성입니다. 세상에서 살아가지만 세상에 속한of the world 존재가 아닙니다. 요한복음에는 예수님의 가장 긴 기도가 나옵니다. 자신을 위해, 제자들과 모든 믿는 이들을 위해 하나님 아버지께 친히 올려 드리는 기도문인데, 거기 다음 구절이 나옵니다.

아버지께서 나를 세상에 보내신 것과 같이, 나도 그들을 세상
으로 보냈습니다(요 17:18, 새번역).

여기서 "그들"은 "아버지께서 세상에서 택하셔서 내
게 주신 사람들"(요 17:6, 새번역)로 곧 제자들을 가리킵니다. 그
렇다면 세상으로 보냄 받았다는 건 무슨 의미일까요? 세상
으로 보냄 받은 그리스도의 제자들은 세상에 대해 어떤 관
점과 태도를 지녀야 할까요?

세상 가운데로 보냄 받았다는 건, 이 세상이 곧 그리스
도인의 소명을 실현하는 현장이라는 의미입니다. 정치, 경
제, 법률, 교육, 예술, 학문, 종교, 과학, 일상, 곧 세상의 모든
영역이 소명의 실천장이라는 거지요. 따라서 '죄 많은 이
세상은 내 집 아니네' 하면서, (김회권 교수의 표현을 빌리자면)
"지구 포기론적 구원론", "지구 탈출론적 구원론"으로 살아
서는 안 되며 "지구 갱신론적 구원론"을 믿고 그에 따라 살
아야 한다는 뜻입니다.

이와 관련하여 예수원 설립자인 대천덕 신부님이 수
십여 년 전 한국 기독교의 과제 중 하나로 지적하신 '극단
적 탈속주의(脫俗主義, extricationism)'를 오늘날 얼마나 해결
했는지 의문입니다. 탈속주의란 "세상은 산산조각 나고 있

227

건만 전혀 항변하지 않고, 사회윤리에 관심도 보이지 않은 채 방치하면서 개인 구원만을 얻으려는 태도"를 가리킵니다. 이 탈속주의를 우리는 얼마나 극복한 걸까요.*

우리가 살아가는 세상이 경제적 불평등과 불의가 빈발하고, 정치적 의사 표현을 자주 억압하고, 대내외적 분쟁 위기가 항존하며, 약자와 소수자에 대한 차별과 배제와 혐오가 횡행하는 곳이라면, 이러한 세상으로 보냄 받은 제자들은 어떻게 반응해야 할까요? 복음을 전파하고, 경제적 불평등과 불의를 해소하고, 자유와 민주주의 신장을 위해 일하고, 대내외의 항구적 평화를 추구하고, 약자와 소수자를 돌보고, 모든 형태의 차별을 없애는 일에 헌신하거나 어떤 모양으로든 참여하는 일이 소수의 운동가나 활동가들에게만 해당되는 걸까요?

사회문제를 무시하는 교회는 마치 모내기나 비료 주는 일 및 제초 작업을 하지 않고 수확을 기다리는 농부처럼 무책임한 교회입니다. 만일 하나님의 전답인 세상을 잡초가 무성하도록 방치해 둔다면 우리는 우리에게 맡겨진 신임을 저버리는

---

* 대천덕, 《기독교는 오늘을 위한 것》(홍성사, 2009), 208-209쪽 참조.

죄악을 범하는 것입니다.[†]

우리가 보냄 받은 세상에서 일어나는 온갖 사회문제를 외면하거나 회피하는 건 마치 하나님의 밭과 논에 잡초가 무성해지도록 방치하는 잘못이자 죄라는 게 대 신부님의 지적입니다. 구약 예언서들을 읽고 예언자들의 사역을 묵상하다 보면, 그 점이 더욱 분명해 보입니다.

◇ **구약 예언자들의 사회참여**

구약의 예언자들은 종교적·영적 문제뿐 아니라, 정치와 경제 문제에 대해서도 '예언'을 선포했습니다. 무엇보다 그것이 하나님의 관심사였기 때문입니다. 하여 그들은 지도자들의 죄와 악행, 부유층의 경제적 불의와 약자에 대한 착취를 결코 외면하거나 방치하는 법이 없었습니다. 예언자 아모스만 해도 그렇습니다. 아모스가 활동한 주전 8세기 전반부에 북이스라엘과 남유다 왕국은 여로보암 2세와

[†] 대천덕, 《기독교는 오늘을 위한 것》, 207쪽.

웃시야 왕이 통치했는데, 사회적 불의와 부유한 계층의 경제적 투기 아래 농민들은 굶주림과 채무로 인해 노예가 되거나 일용노동자로 전락하여 학대를 당하고 있었습니다.*

당시 왕족과 부유층들이 '하나님의 축복'으로 여기던 것이 실은 그들의 부패한 행위와 연관된 것이었고, 그들이 행한 종교 행위는 순전한 신앙과는 무관한 '혼합주의'였습니다. 이와 함께 지도자들과 그들의 아내들이 빈곤층에 대해 경제적 수탈을 저질렀고, 종교를 이용하여 자신들의 배를 불렸습니다. 이런 모습을 보면서 아모스는 부유한 자들과 사회적 불의에 대해 강하게 비판했던 거지요.†

그러니 하나님은 이스라엘이 절기 행사나 성회로 모여 온갖 번제물과 곡식제물, 화목제물로 제사(예배)와 예배 찬양("노랫소리")을 올려 드리는데도 '다 집어치우라'고 하시면서 이 한 가지를 말씀하신 게 아닐는지요.

오직 정의를 물같이, 공의를 마르지 않는 강같이 흐르게 할지

---

* 존 월튼·빅터 매튜스·마크 샤발라스·크레이크 키너, 신래구·정옥배·이철민·이지영·전성민·박신구 옮김, 《IVP 성경배경주석》(IVP, 2010), 1115쪽 참조.

† 고든 D. 피·더글라스 스튜어트, 김진선 옮김, 《책별로 어떻게 성경을 읽을 것인가》(성서유니온선교회, 2003), 278쪽 참조.

어다(암 5:24).

예언자 이사야 또한 사회정의를 강하게 외쳤습니다. 그러면서 그는 하나님이 원하시는 '금식'이 그저 한 끼 식사를 거르는 일이 아님을 다음과 같이 역설합니다.

내가 기뻐하는 금식은 흉악의 결박을 풀어 주며 멍에의 줄을 끌러 주며 압제당하는 자를 자유하게 하며 모든 멍에를 꺾는 것이 아니겠느냐 (사 58:6).

오늘 우리 사회에, 이웃 가운데, 경제적 멍에에 얽매여 있거나 권력(위계)의 압제를 당하는 이들은 없을까요? 돈이 없다는 이유로 재판에서 불이익을 당하거나 제대로 변호받을 권리를 누리지 못하는 이들은 없을까요? 돈이 있으면 무죄를 받고 돈이 없으면 유죄를 받는다는, 속칭 '유전무죄 무전유죄'에 대해 하나님은 뭐라 하실까요? "너는 가난한 자의 송사라고 정의를 굽게 하지 말며"(출 23:6).

외국인 노동자나 탈북이주민이라는 이유로, 학력 또는 출신 지역으로 인해 차별을 당하면서 임금을 제대로 받지 못하거나 정당한 대우를 받지 못하는 이들은 없을까요?

대천덕 신부님은 "그리스도께서 강조하는 고귀한 이상 중하나가 정의인데 의롭지 못한 경제체제를 항변 없이 관용해서는 안 된다"면서 "경제문제를 외면한 복음은 온전한 복음이라 할 수 없다"라고 강조한 바 있습니다.[*]

◇ **세례 요한의 사회참여**

구약의 예언자들처럼 신약 시대에도 정치 지도자를 강하게 비판하고 그로 인해 투옥되어 죽임을 당하기까지한 인물이 있습니다. 예수님의 친척이고 흔히 구약의 마지막 예언자로 불리는 세례 요한이 그 주인공입니다. 그는 광야 생활을 하며 지극히 검소한 의복과 식생활을 유지하는 가운데 복음("기쁜 소식")을 전하고 회개를 촉구하는 사역을 펼쳤습니다. 그가 활동하던 시기는 로마의 디베료(티베리우스) 황제 통치기로, 이 시기 유대 총독으로는 본디오 빌라도가 있었고, 갈릴리의 분봉왕(총독)으로 헤롯 대제의 아들 헤롯 안디바(안티파스)가 다스리고 있었습니다.

[*] 대천덕, 《기독교는 오늘을 위한 것》, 207쪽.

232

그런데 세례 요한은 "기쁜 소식"을 전하고 회개를 선포할 뿐 아니라, 정치 영역에도 간여합니다. 즉, 헤롯 안디바의 도덕적 악(동생 아내와의 불륜)과 그가 행한 "모든 악한 일"을 과감히 비판한 것입니다.

> 요한은 그 밖에도, 많은 일을 권면하면서, 백성에게 기쁜 소식을 전하였다. 그러나 분봉왕 헤롯은 자기 동생의 아내 헤로디아와 관련된 일과 또 자기가 행한 모든 악한 일 때문에, 요한에게 책망을 받았고…(눅 3:18-19, 새번역).

성경에서 누군가를 '책망rebuke'하는 것은 죄를 깨닫게 하고 회개를 촉구하는 행위를 가리킵니다. 분봉왕 헤롯의 부도덕과 모든 악한 행위에 대한 '예언자적 비판'으로 인해 세례 요한은 옥에 갇혔으며, 결국 죽음을 맞이했습니다.

복음 전도에만 집중하는 것이 신앙인의 본분이라는 의견이 있습니다. 이 견해는 '정교(정치-종교) 분리'라는 말을 금과옥조로 여기며, 정치 영역은 정치인들에게 맡겨 둬야 하고, 정치에 대해 잘 모르는 신앙인들은 함부로 나서거나 비판해선 안 된다고 강조합니다. '세상으로 보냄 받은' 신자들을 향해, 정작 세상일에는 눈감고 오직 복음을 전하는

'영적'인 일에만 집중해야 한다고 말합니다. 그러나 최소한 성경의 예언자들이 행한 사역과 활동만 보더라도 '복음 전도만이 신앙인의 본분'이라는 주장이 반쪽짜리임을 알 수 있습니다.

그들은 예언자로서 특별한 사역을 맡았기에 예외라고 할지도 모르겠습니다만, 그렇지 않습니다. 역사에는 신실한 그리스도인으로 적극적인 개혁 활동을 펼친 이들이 적지 않기 때문입니다. 미국의 신학자이자 교회사가인 리처드 러블레이스는 "기도하는 사람들은 대부분 사회문제에 관해 기도하지 않고, 사회문제에 개입해서 활동하는 사람들은 대부분 기도하지 않는다"라고 말한 바 있습니다. 그 나름대로 타당성이 있지만, 꼭 들어맞지는 않는 듯합니다. 말씀을 묵상하며 기도하는 가운데 사회개혁에 나선 그리스도인이 적지 않기 때문입니다.

19세기 영국의 노예무역제도 폐지를 이끌어 낸 윌리엄 윌버포스와 미국의 신앙부흥운동을 이끈 부흥사로 노예제도에 반대한 찰스 G. 피니가 바로 그들입니다.

234

묵상하는 그리스도인과
'사회적 책임'

신앙생활을 하다 보면, 묵상의 형편이 참 갑갑하고 답답하게 느껴질 때가 있습니다. 묵상과 기도가 막힐 때도 있고 그저 형식적이거나 건조해질 때도 적지 않습니다. 그럴 때는 헨리 나우웬 신부의 일기 한 대목이 영락없이 딱 제 얘깁니다.

기도할 때 어떤 느낌을 받기는 하지만 기대와는 달리 그 체험이 깊지 않다. 따뜻한 감정과 몸으로 느끼는 감흥, 마음의 통찰 등 그 어느 것도 없다. … 오랜 세월 성령께서 내 몸 안에서 분명하게 활동하셨음에도 나는 지금 아무것도 느끼지 못한다. … 어둠과 메마름이 오늘의 내 기도 상태를 가장 적절하게 표현해 주는 말인 듯싶다.[*]

◇ 신앙과 사회현실, '도피'하거나 '참여'하거나

묵상과 기도, 예배를 포함한 신앙생활은 하나님과의 일대일 만남에 해당하기에 세상 속의 공적 활동이나 사회 문제와 연결 지어선 안 된다는 의견이 있습니다. 이른바 '영적 순수성'을 지켜야 한다는 것이지요.

이렇듯 신앙을 사회현실, 특히 공적 영역으로부터 떼 놓아야만 '세속'의 때가 묻지 않는다는 인식은 한국 교회 안에 꽤나 폭넓게 자리 잡은 듯합니다. 그리하여 불의한 정책이나 제도, 인권을 침해하는 법률이 시행되더라도 그런 '정치적인' 일에 교회나 그리스도인이 나서면 안 된다는 목소리가 드높습니다. 반면, 교회의 이익이나 (특혜에 가까운) 권리에 걸림돌이 되겠다 싶으면 언제 신앙의 순수성을 얘

---

[*] 헨리 나웬, 성찬성 옮김, 《헨리 나웬의 마지막 일기》(바오로딸, 2020), 27쪽.

기했냐는 듯 발 빠르게 강력한 정치적 집단행동에 나섭니다. 더러 무력행사까지 벌어지는 과잉 정치화한 한국 교회의 집단행동을 볼 때면, 세상의 이익집단이 벌이는 집단행동과 뭐가 다른지 구별이 안 될 정도입니다.

일례로 '종교인 과세'에 관한 입법이 논의될 때마다 가장 강하게 반발한 종교계가 바로 한국 개신교였는데요, 헌법에 명백히 전 국민 납세 의무가 규정되어 있음에도 아무 법적 근거 없이 1948년 이승만 정부 때부터 관행처럼 유지되어 온 '종교인 비과세'는 일종의 특권이자 특혜였습니다. 1968년 박정희 정권 당시 초대 국세청장의 '종교인 과세' 표명 이후 무려 50년이 지난 2018년에야 법이 시행(2015년 제정 후 2년간 유예)되었는데, 그나마도 우대 조항 논란이 일었지요.

신앙은 사회현실이나 사회문제와 분리되는 별개 영역이 아닙니다. 신앙을 사회현실과 잇대어 궁구하는 게 불순한 일이라면, 우리가 신앙하는 하나님이야말로 가장 불순한 분이 되고 말지도 모릅니다. 신앙과 사회현실을 분리해서 받아들이는 태도는 필경 하나님을 사회현실과 역사로부터 분리하여 생각하게 만들 텐데, 이런 관점을 '이신론(理神論, Deism)'이라 합니다. 하나님을 천지만물의 창조자로 인정하되 인간 세상에는 관여하지 않으시는 비인격적 신으로 규정하는 이단 신학 말이지요. 이는 결국 온 우주의 통치자이신 하나님의 주권과 예수 그리스도의 주되심을 부인하는, 무신론과 별 다를 바 없는 세계관이 아닐는지요.

성경의 하나님은 결코 이신론의 하나님이 아니며, 그분이 지으신 세상에 정의와 샬롬이 임하기를 바라는 "정의의 하나님God of justice"(사 30:18)이시기에 이 땅에서 억압받고 착취당하는 약자들에게 늘 마음을 쏟으십니다. 성경을 읽다 보면 곳곳에서 하나님의 사회적 관심과 관여에 관한 말씀을 만나게 됩니다.

> 그는 공의와 정의를 사랑하심이여, 세상에는 여호와의 인자하심이 충만하도다(시 33:5).
>
> 내 목전에서 너희 악한 행실을 버리며 … 정의를 구하며 학대받는 자를 도와주며 고아를 위하여 신원하며 과부를 위하여 변호하라(사 1:16-17).
>
> 자랑하는 자는 이것으로 자랑할지니 곧 명철하여 나를 아는 것과 나 여호와는 사랑과 정의와 공의를 땅에 행하는 자인 줄 깨닫는 것이라. 나는 이 일을 기뻐하노라. 여호와의 말씀이니라(렘 9:24).

너희 이스라엘의 통치자들아, 이제는 그만하여라. 폭행과 탄압을 그치고, 공평과 공의를 실행하여라. 내 백성 착취하는 일을 멈추어라. 나 주 하나님의 말이다(겔 45:9-10, 새번역).

존 스토트는 성경의 하나님은 인간의 생활 전체, "특히 사회정의가 실현되어야 하는 우리의 공공 생활에 관심을 가지신다"면서, 그리스도인이라면 마땅히 그분의 관심에 참여해야 한다고 강조했지요.

창조의 하나님은 정의의 하나님이시기 때문에, 세계 모든 나라에서 일어나는 불의와 압제를 미워하시며 정의를 사랑하시고 도처에서 이를 촉진시키신다. 그러므로 하나님이 인간 공동체에 대한 정의에 관심을 가지신다면, 분명 그의 백성도 그분의 관심사를 공유해야 한다.[*]

우리가 하나님의 관심사를 공유하는 신앙인이라면 이 세상과 사회현실에 대해 어떤 관점과 태도를 취해야 할까요? 스토트에 따르면, '도피'와 '참여' 두 가지 선택만 있을

---

[*] 존 스토트, 한화룡 옮김, 《온전한 그리스도인》(IVP, 2014), 77쪽.

뿐입니다. 도피란 '거부하는 마음으로 세상으로부터 등을 돌려 세상에 대한 책임을 외면하는 일'이며, '동정하는 마음으로 세상을 향해 다가가는 일'이 참여입니다. 그런데 세상에 대한 책임을 외면하는 그리스도인을 숱하게 겪어 본 듯, 스토트는 강한 어조로 말합니다.

> 나는 너무도 많은 그리스도인들이 그리고 너무도 많은 복음주의 그리스도인들이 무책임한 도피주의자들이었다고 말하기를 주저하지 않는다.[*]

도피하는 것도 하나의 선택일 수 있습니다. 그러나 빌라도처럼 손을 씻고 돌아선다 하여 그 책임으로부터 자유로울 수는 없습니다. 아마도 '선한 사마리아인의 비유'가 나오는 성경 본문을 읽는 누구라도 자신을 제사장이나 레위인으로 생각하고 싶지는 않을 것입니다. 그렇다면 이 시대의 숱한 강도당한 이들을 바라보면서 '사회적 양심'에 따른 책무를 행하는 선한 사마리아인은 누구이며 어디 있는 걸까요.

[*] 존 스토트, 《온전한 그리스도인》, 71-72쪽.

◇ 사회적 책임을 진 사람들: 인디언 선교사들, 투투 그리고 피에르

세상은, 그리고 역사는 동정하는 마음을 품고 사회현실에 뛰어든 그리스도인들의 '참여'에 힘입어 한 걸음씩 개선되어 왔습니다. 그 가운데 주정부가 결정한 인디언 정책의 부당함에 맞서 싸운 19세기 미국 인디언 선교사들 이야기는 놀랍고도 흥미롭습니다. '선교사들의 대정부 투쟁'이라니! 워낙 생소하고 낯설게 다가온 터라 그만큼 그 이유가 궁금했는데요, 선교사들이 항거한 인디언 정책이란 다름아닌 '체로키 인디언 강제이주' 문제였습니다.

미국 조지아 주정부는 1829년부터 1939년에 걸쳐 관할 구역 내에 거주하던 인디언 체로키 부족의 강제이주를 임의로 결정하는데, 이는 인디언의 안정적 주거지 제공에 관한 협정 위반입니다. 더 나아가 주정부는 선교사들에게 체로키 부족을 설득하고 회유할 것을 명령합니다. 이에 선교사들은 주정부의 강제이주 정책이 부당한 일임을 알리면서 저항에 나서지만, 결과는 패배로 돌아갑니다. 체로키 부족은 서부로 강제이동을 당했고, 선교사들도 모두 투옥

당하고 말았던 거지요.[*]

여기서 중요한 건 그들이 부당한 정부 정책에 대해 '틀렸다'고 '옳지 않다'고 선언했을 뿐 아니라, 정당한 권리 (주거권)를 위협당하는 약자들을 대변했다는 점입니다. 자신들을 위해 항거하고 감옥에 갇히기까지 하는 선교사들을 보면서 체로키 인디언들은 어떤 생각과 마음을 품었을까요?

남아프리카공화국의 인종차별정책인 '아파르트헤이트' 폐지에 앞장섰던 데스몬드 투투(Desmond Mpilo Tutu, 1931-2021)를 아시는지요? 아파르트헤이트는 백인우월주의에 바탕을 둔 극단적 인종차별정책으로, 1991년에 폐지되기까지 무려 40년 넘게 지속되었습니다. 당시 백인 정부는 아파르트헤이트를 '상호존중을 기초로 하는 분리 발전 지향 모델'로 선전했지만, 실제로는 절대다수를 차지하는 흑인 등 토착민에 대한 백인의 우월적 지배를 확고히 하기 위한 악법 중의 악법이었지요. 흑·백 버스 승차 분리, 인종 간 결혼 금지, 공공시설 이용제한 등이 그 내용인데, 충격적인 사실은 남아공 백인의 뿌리를 이루는 네덜란드 개혁주의 개신

[*]   김형원, 《정치하는 그리스도인》(SFC출판부, 2012), 79-80쪽 참조.

교 진영이 아파르트헤이트를 지지했다는 점입니다.

가난한 집안 형편 탓에 의대 진학을 포기하고 신학교를 나와 성공회 사제가 된 투투는 아파르트헤이트 폐지를 위해 당시 남아공의 사회현실에 '참여'하기 시작합니다. 1976년 백인 정부의 교육정책에 항의하는 2만여 명의 학생들에게 경찰이 총기를 발포하여 13세의 학생이 숨지는 등 사망 사건이 발생하자(소웨토 민주화운동) 현장으로 달려가 그들의 목소리를 대변합니다. 이후 대규모 평화행진을 조직하는 등 평화적인 반反아파르트헤이트 운동을 이어 갑니다. 마침내 아파르트헤이트가 폐지된 뒤에도, '진실과 화해위원회' 의장으로 임명되어 지속적인 인종 간 화해와 용서, 분열의 치유에 혼신을 다합니다.

끝으로, 국제 엠마우스 공동체 설립자이자 빈민운동가 피에르(Abbé Pierre, 1912-2007) 신부 이야기를 들려 드리려 합니다. 프랑스 태생의 가톨릭 사제인 그는 2차 세계대전 중 유대인들을 성당에 숨겨 주고 위조신분증을 만들어 피신시키다 체포당하기도 하고, 레지스탕스(반나치 투쟁)에 뛰어들기도 합니다. 종전 후 파리 교외에 낡은 2층 집을 구해 직접 수리한 뒤 '엠마우스(엠마오)'라는 빈민 공동체를 시작하지만, 운영 자금이 어려워지자 파리 번화가로 나가 사제복을 입고 직접 구걸을 하면서 남몰래 눈물을 쏟기도 했지요.

노숙인과 빈민을 위한 주택 정책에도 지속적인 관심을 쏟던 그는, 극심한 겨울 한파가 몰아닥친 1954년 1월에 노숙을 하던 갓난아기와 엄마가 동사하자 공개서한을 발표하면서 정부의 주택 정책을 비판합니다. 그 와중에 집세를 내지 못해 쫓겨난 노인이 퇴거명령서를 품에 지닌 채 도시 한가운데서 얼어 죽는 사건이 일어나자 라디오방송국 관계자를 설득하여 대대적인 구호 운동을 벌입니다. 2002년 프랑스 대선에서 외국인 혐오와 인종차별을 공공연히 내세우는 극우 정치지도자의 낙선 운동을 이끌기도 한 그는, 2007년 1월 94세로 타계하기 전까지도 휠체어를 탄 채 국회에 나가 정부의 주택 정책을 비판할 정도였지요.

평소 "신앙인에게는 정의가 사랑만큼 중요하다"라고 강조하고 "교회를 짓는 일보다 (빈민을 위한) 집을 짓는 일이 더 중요하다"라고 목소리를 높이던 피에르 신부는 이런 말을 남겼습니다.

악 앞에서 분노하지 않는다면, 짓밟히고 착취당한 약자를 이용하는 행위 앞에서 분개하지 않는다면, 구원이고 사랑이신

244

하느님과의 만남은 있을 수 없다. 분노는 당신이 사랑한 대상이 무엇인지 보여 준다. 분노는 당신의 사랑이 어디 있는지를 나타내 준다.[*]

본질적으로 인류는 신자라고 불리는 사람들과 비신자라고 불리는 사람들로 나뉘는 것이 아니라, 타인의 고통 앞에서 고개를 돌리는 사람들과 고통받는 사람들과 더불어 투쟁하는 사람들로 나뉜다.[†]

묵상의 메마름을 느끼든 풍성함을 누리든, 오늘 우리 앞에도 신앙인으로서 우리가 살아가는 세상의 현실에 대해 취할 수 있는 두 가지 선택(도피하느냐 참여하느냐)이 놓여 있습니다.

[*] "피에르 신부: 평생 빈민 운동에 헌신한 성직자", 네이버 지식백과: 인물세계사, 박중서, https://bit.ly/3FPp2er (2021년 10월 16일 최종 검색)
[†] 아베 피에르, 백선희 옮김, 《피에르 신부의 고백》(마음산책, 2002), 22쪽.

구멍 난 신앙,
텅 빈 묵상

◇ **혼용무도, 호해와 조고 이야기**

　　혼용무도昏庸無道. 지난 2015년 12월 〈교수신문〉이 선
정한 '올해의 사자성어'입니다. '혼용'은 어리석고 무능한
군주를 가리키는 혼군昏君과 용군庸君을 합친 말이며, '무도'
는 도리가 지켜지지 않을 정도로 온 천하가 어지럽다는 뜻
으로 《논어》의 천하무도天下無道에서 나온 말이라는군요. 정
리하면, 혼용무도는 "어리석고 무능한 군주가 세상을 어지
럽게 한다"는 의미입니다.

혼용무도의 사례로 역사가들은 흔히 중국 진나라 2대 황제 호해胡亥를 꼽는다고 합니다. 중국 최초의 중앙집권적 통일제국 진나라를 건설한 시황제는 죽기 직전 장자인 부소扶蘇에게 황위를 물려주겠다는 유서를 남기지만, 환관 조고趙高가 이 유서를 조작하여 우둔한 막내아들인 호해를 황제로 옹립합니다. 황제가 된 호해는 시황제의 능묘와 아방궁, 만리장성 등의 토목 사업에 국력을 탕진하고, 흉노족의 침입에 대비한다면서 대규모 징병을 실시하여 민심을 들끓게 만듭니다. 게다가 신하들이 아방궁 건립을 중단하고 백성들의 조세 부담을 낮추어 줄 것을 건의하자, 그들을 헐뜯는 환관 조고의 거짓말만 듣고는 바른말로 간언한 신하들을 모두 처단해 버립니다.

황위에 오르는 과정에서부터 환관 조고의 절대적인 도움을 받은 호해는 국정의 모든 실권을 조고에게 맡겼고, 조고는 자기 마음대로 황제를 조종해 국정을 농단하기에 이릅니다. 한 나라의 운영이 이 지경이면 혼란과 위기는 불 보듯 뻔한 일입니다. 조고가 국정을 주무를 때 후궁에 틀어박혀 방탕한 생활을 하던 호해는, 한나라를 건국하는 유방이 군사를 일으켜 진격해 오자 스스로 목숨을 끊습니다. 한때 통일제국의 황제였던 그의 장례는 황제가 아닌 평민 신분으로 치러졌다고 역사는 전합니다.

황제를 조종하고 나라를 자기 손안에 주무른 환관 조고의 위세가 어느 정도였는지를 잘 알려 주는 고사성어로 '지록위마指鹿爲馬'가 있습니다. '사슴을 가리키면서 말이라한다'는 뜻으로 윗사람을 농락하여 권세를 자기 마음대로 주무른다는 의미로 쓰입니다. 조고가 황제 앞에 사슴을 한 마리 끌어다 놓고는 짐짓 "폐하를 위해 좋은 말을 구했습니다"라고 말하며 주위의 신하들을 둘러보자, '저게 사슴이냐 말이냐' 확인차 묻는 황제의 물음에 대다수 신하들이 말이라고 대답합니다. 사슴을 사슴이라 한 신하들은 나중 조고가 죄를 뒤집어씌워 모두 죽였는데, 이후로는 조고의 말에 반대하는 이들이 없었다는군요. 공교롭게도 '지록위마'는 〈교수신문〉이 선정한 2014년 사자성어였습니다.

이웃 나라 역사 이야기 한 자락을 풀어놓는 까닭이 다른 데 있지 않습니다. 혼용무도의 역사적 사례인 '호해와 조고' 이야기가 현대 한국 사회의 한 시기를 비추는 거울로 다가오기 때문입니다. 중고생들뿐 아니라 수능을 불과 며칠 앞둔 고3 수험생들마저 거리로 나와 "이게 나라냐" 외칠 수밖에 없었던, 2016년 대통령 비선실세에 의한 국정농단과 헌정 파괴의 참담한 현실 말이지요.

◇ 정치를 외면한 벌

정치 참여 거부에 대한 형벌 가운데 하나는, 자신보다 저급한 사람들에게 지배당하는 것이다.

One of the penalties for refusing to participate in politics, is that you end up being governed by your inferiors.

플라톤의 이 말이 지난 2016년 '촛불 정국'에서 얼마나 뼈아프게 다가오던지요. 정치에 대한 냉소적 외면이나 혐오("그×이 그×, 모두 썩었다")나 이분법적 분리나 무관심("정치는 정치인들의 일이고 내 알 바 아니다")을 향해 이만큼 섬뜩한 경고가 또 있을까요. 국민이 위임한 권력과 공공기관을 자기 배를 채우는 수단으로 여긴 '국정 농단 게이트'는, '저급한 인간들'이 공적 권력을 획득하고 행사할 때 어떤 일이 일어나는지를 생생히 보여 준 사례 아닐는지요.

"하야하라", "사퇴하라"는 손팻말과 촛불의 거대한 행진이 광화문 광장을 뒤덮은 그해 11월의 어느 주말, 가정예배를 드리는 시간이 되었습니다. 무슨 말을 할지 곤혹스러웠고, 함께 어떤 기도를 해야 할지 난처했습니다. 이날은 특별히 브루더호프 공동체에서 보내오는 성구와 기도문을 함께 읽고 기도했습니다. 이어서 개인 기도제목을 나누고 중보하는 시간을 가진 뒤, 국가적 위기 상황 가운데 하나님의 긍휼과 도우심을 구하는 기도를 아뢰었습니다.

> 역사를 주관하시며 정의를 행하시는 여호와 우리 하나님, 이 나라 이 민족을 긍휼히 여기시고 자비를 베풀어 주소서. 이 참담한 사건을 계기로 이 나라의 불의한 정치 세력이 지닌 힘과 권력이 비할 바 없이 약화되게 하소서. 자신들의 탐욕과 사리사욕을 채우기 위해 국가기관과 공적 수단을 사유화해 온 불의한 자들이, 모든 불법적이고 탈법적인 행위의 정당한 대가를 치르게 하소서. 하나님의 공의를 행하는 정의로운 리더들을 세우시고 그들이 이 나라를 바르게 이끌어 가는 주도적인 정치 세력이 되게 하소서. 부디 이 땅과 이 민족을 긍휼히 여기셔서 이 땅 곳곳에 하나님의 정의가 강물같이 흐르게 하소서.

가정예배가 끝났는데도 여느 때와 달리 무거운 공기가 흘렀습니다. (평소 가정예배가 끝나기가 무섭게 두 아이는 '주말극장'을 함께 관람할 자리를 배치하고 간식거리를 챙기느라 부산을 떨곤 하는데, 이날 저녁에는 마치 그 순서를 까맣게 잊은 듯했지요.) 주말 가정

예배 후 온 가족이 함께 즐기던 〈무한도전〉은, 우리 가정에 서만큼은 자연스레 불방되고 말았습니다.

가정예배 시간에 아직 십대인 자녀들과 함께 굳이 사회현실을 놓고 기도하는 건 좀 과하지 않느냐고 우려하는 분들이 있을지 모르겠습니다. 그 염려가 이해 안 되는 바 아니지만, 이 아이들이 자라 청년이 되어서도 혼용무도의 국정 농단 같은 사건이 일어나서야 되겠는지요. 그러니 아이들에게도 사회현실을 바르게 알려 주고 함께 기도하는 건 마땅한 일일 것입니다.

◇ 구멍 난 신앙, 텅 빈 묵상

월드비전은 전 세계 100여 개국에서 빈곤과 불의의 문제를 붙들고 씨름해 온 기독교 인도주의 구호기관으로, 선교사이자 한국전쟁 종군기자였던 밥 피어스 목사가 영락교회 한경직 목사와 함께 1950년에 설립했습니다. 1998년부터 2018년까지 미국 월드비전 대표를 지낸 리처드 스턴스는 와튼스쿨에서 경영학을 공부하고 기업에서 23년 동안 일한 전문 경영인 출신입니다. 월드비전 대표를 맡기 전까지는 세계적인 최고급 식기류를 생산하는 기업의 최고경영자로 일했었지요.

영리기업 최고경영자 출신으로 비영리기관을 한창 이끌던 시기(2009)에 그는 《구멍 난 복음The Hole in Our Gospel》이라는 흥미진진한 책을 펴냅니다. 이 책에서 그는 오늘날 그리스도인들이 믿는 복음은 '온전한 복음'이 아닌 '구멍 난 복음'이라고 단언합니다. 세상을 향한 공적 책임을 잃어버리고 개인 구원에만 갇힌 채 구멍이 숭숭 뚫린 복음을 붙들고 살아간다는 것이지요.

> 예수님이 생각하시는 복음은 결신카드 작성을 훌쩍 넘어선다. 복음은 혁명적으로 새롭게 바라본 세상과 변화된 사람들, 즉 '모든 민족에 속한 그분의 제자들'(마 28:19)에 의해 변화된 땅을 아우른다. 그들은 혁명적인 하나님의 나라를 불러들이게 될 터였다. …이 복음, 온전한 복음은 개인 구원 이상의 것을 의미한다. 그것은 사회 변혁을 뜻한다.[*]

리처드 스턴스는 불우하고 가난한 환경에서 성장했습

---

[*] 리처드 스턴스, 홍종락 옮김, 《구멍 난 복음》(홍성사, 2010), 36쪽.

니다. 부모님은 이혼했고, 아버지는 파산했으며, 집은 은행에 압류당했던 탓에 어린 시절은 '불안'으로 점철된 시간이었습니다. 대출과 장학금, 온갖 아르바이트를 통해 기적적으로 대학을 졸업한 이후 직장 경력을 쌓아 가며 승승장구하여 마침내 성공한 경영인이 되어 가는 그의 인생은 가히 아메리칸드림이라 부를 만합니다. 동종업계에서 독보적인 기업의 CEO가 되어, 최고급 승용차를 몰면서 6,000평 대지에 침실이 열 개 딸린 주택에서 남부러울 것 없는 인생을 살아가고 있었으니 말이지요.

이렇듯 불우한 성장 배경을 지닌 성공한 기업가 출신 그리스도인의 자전적 이야기를 담은 저서라면 으레 '성공 수기'가 나오리라 생각했는데, 예상과 달리 저자는 고통에 찬 세상을 향해 그리스도인으로서 어떻게 공적 책임을 다해야 할지(복음에 합당한 삶을 살아갈지)를 얘기합니다. 그러면서 "교회 예배당에 앉아 안도감을 누리며 ⋯ 바깥 세계의 폭력, 고통과 혼란을 남의 일로만" 여기는 그리스도인들을 향해 도전합니다.

예수 그리스도를 따르는 자가 되었다면 하나님과 개인적인 관계가 이루어져 사람이 달라지는 정도에서 만족해서는 결코 안 된다. … 그리스도인이 되었다면 세상과 공적인 관계도 달라져 세상을 변화시키는 일이 따라와야 한다.[*]

온전한 복음의 선포는 그리스도를 믿으면 구원받는다는 좋은 소식을 사람들에게 전하고 그에 따른 반응을 기대하는 전도 활동에서 그치지 않는다. 그것은 병자와 가난한 자들을 위한 구체적인 자비와 성경적 정의, 우리 세계에 만연해 있는 온갖 잘못들을 바로잡기 위한 시도이기도 하다.[†]

리처드 스턴스가 도전하는 바, 우리의 신앙이, 우리의 묵상과 기도가 정작 우리가 발 딛고 살아가는 사회현실과는 철저히 분리되어 있지는 않은지요? 신앙생활은 하나님과의 개인적 관계에 충실하고 교회 사역에 헌신하면 충분하다면서 세상의 불의와 부패, 폭력과 고통으로부터 등 돌리고 있지는 않은지요? 만약 그렇다면 우리의 신앙은 '구멍 난' 신앙이요, 이 땅의 현실로부터 등을 돌린 묵상은 자기 위안적이고 자기만족적인 '텅 빈' 묵상, 공허한 묵상에 지나지 않을 것입니다.

[*]   리처드 스턴스, 《구멍 난 복음》, 13쪽.
[†]   리처드 스턴스, 《구멍 난 복음》, 39쪽.

묵상과 공적 신앙

윌버포스와 클래펌 서클

잊을 만하면 '염전 노예', '축사 노예', '노예 선원', '노예 노동' 같은 제목의 언론 보도가 보도되곤 합니다. 은유적 표현이 아니라 실제로 노예 부리듯 반감금 상태에서 자유와 인권을 박탈하고 노동을 착취한 국내외 사건들이 기사로 등장하는 것이지요. 2021년 10월에도 지적 능력이 떨어지는 50대가 7년간 염전 노예 상태로 착취당했다는 보도가 나왔습니다. 장애나 능력 여부를 떠나 인간을 수십 년간 노예처럼 부리면서 착취하고 인권을 침해한 행위를 정당하다 여길 이들이 있을까요?

그러나 '노예 없는 세상'은 인류 문명사에서 오랜 세월 동안 상상할 수 없는 일이었습니다. 인류 역사에 뿌리내린 정당한 관습이자 합당한 제도로 무려 5,000년 동안 이어져 왔기 때문입니다. 19세기 초반까지만 해도 합법이던 노예 제도가 범죄로 규정되고 폐지되기까지는, 한 신실한 그리스도인의 전 생애에 걸친 분투와 헌신이 있었습니다. 바로 노예무역과 노예제 폐지에 온 생애를 바친 영국의 복음주의자 윌리엄 윌버포스(William Wilberforce, 1759-1833)가 그 주인공입니다.

◇ **노예 없는 세상은 어떻게 가능했나**

노예무역은 18-19세기 영국·프랑스·네덜란드·스페인·포르투갈 등의 식민제국에서는 국가적으로 공인된 '비즈니스'였습니다. 특히 18세기 영국은 세계 최대의 노예무역국으로, 국가 경제의 기반을 바로 노예무역에 두고 있었습니다. 그러니 당시 영국 사회에서 누군가 나서서 '노예무역은 폐지해야 한다'고 주장한다면, 이는 21세기 대한민국에서 '반도체 산업을 없애야 한다'는 주장에 견줄 만한 정신 나간 헛소리나 다를 바 없었지요.

영국 국교회(성공회) 지도자들도 노예무역 관련 사업에 대대적으로 투자했을 정도니 더 말할 게 있을까요. 당시 기독교 국가를 자처하던 영국이 노예무역의 죄악성을 구약 창세기 1장 27절의 기독교 인간관(하나님 형상대로 지음 받은 존재)과 연결 지어 성찰하지 못하고 교회 지도자들마저 대규모 투자에 나섰다는 사실을 어떻게 받아들여야 할까요. 윌버포스 전기를 쓴 미국 작가 에릭 메택시스는 이를 두고 "그 시대 영국 국교회는 정부 지원을 받는 유사 기독교 조달업자요 제도화된 위선자였다는 가혹한 결론을 피하기 어렵다"라고 비판합니다.[*]

당시 영국 사회와 교회는 아프리카인을 이교도인 데다가 미개하고 야만적이며 짐승과 다를 바 없는 지능을 가진 존재로 여기면서 동등한 '하나님 형상'으로 받아들이지 않았습니다. 그 뒤틀린 차별적(혹은 우월적) 사고가 그들을 매매하고 착취하는 일을 범죄시하지 않고 거꾸로 정당한 사업과 부의 축적 수단으로 여긴 이유 아니겠는지요. 그러나 노예무역과 노예제가 하나님의 뜻에 어긋나는 죄악이라고

[*]　　에릭 메택시스, 김은홍 옮김, 《어메이징 그레이스》(국제제자훈련원, 2008), 195쪽.

주장하며 이를 폐지하기 위해 움직인 이들이 있었으니, 국교회로부터 박해를 받던 감리교도와 퀘이커교도, 그리고 모라비아 형제단이었습니다.

모라비아 형제단은 15세기 종교개혁 선구자 얀 후스(Jan Hus, 1372-1415)에게 영향받은 프로테스탄트들이 모여서 만든 신앙공동체입니다. 감리교 창시자 존 웨슬리가 이들에게 영향을 받았는데, 웨슬리는 노예무역 폐지 운동이 본격화하기 전인 1774년 공개적으로 노예무역 반대 의사를 밝혔을 뿐 아니라 노예무역 반대 소책자를 펴내기도 했지요. 당시 국교회까지 대거 관여한 국가 공인 비즈니스를 "저주받아 마땅한 악행"이라고 비판하며 반대한 것은 많은 위협을 각오하는 일이었습니다.

당대 복음주의 리더 존 웨슬리뿐 아니라 노예선 선장 출신의 성공회 사제 존 뉴턴도 노예무역 폐지에 적극적으로 동참했습니다. 찬송가 〈나 같은 죄인 살리신Amazing Grace〉의 작사가인 뉴턴은 윌버포스가 어린 시절부터 인연을 맺은 영적 멘토 같은 인물로, 그를 비롯해 노예무역 폐지 운동에서 지도적 역할을 한 이들은 모두 그리스도인이었지요. 그러니 노예무역 폐지 운동은 일종의 기독교 사회 운동이라 해도 과언이 아닐 것입니다.

사회적 위협과 위험이 도사린 이 일에 금수저 출신의 병약한 젊은 그리스도인 윌버포스가 뛰어듭니다. 상류층 전용 클럽 출입과 술, 도박 등 흥청대던 생활로부터 회심하여 복음주의자가 된 윌버포스는 성경을 매일 묵상하고 일기를 쓰는 습관을 들입니다. 아울러 스물여덟의 젊은 하원의원이던 그는 삶의 목표를 노예무역 폐지와 사회개혁으로 정했고, 1788년 노예무역 폐지 법안을 의회에 상정하지만 부결됩니다. 의원들도 노예무역에 이권이 걸린 직간접적인 이해당사자였기 때문이지요. 이후 노예무역 폐지 법안은 20년간 의회를 통과하지 못하고 번번이 부결되고 맙니다.

첫 패배 이후 여든넷의 존 웨슬리는 노예무역 폐지 반대세력이 "모든 수단을 동원해서라도 … 여신처럼 숭배하는 이익을 지키려고 할 것"이기에 그들의 모든 반대 행위에 대비할 것을 권면합니다. 1791년 삶의 마지막을 목전에 둔 웨슬리는 윌버포스에게 노예무역뿐 아니라 노예제가 폐지될 때까지 결코 물러서지 말라고 독려하는 편지를 띄웁니다.

하나님께서 바로 이 일을 위하여 경을 세우지 않으셨다면, 그

대는 인간과 악마의 공격을 받아 찢겨져 나갔을 것입니다. …
선을 행하다가 낙심하지 말지니 앞으로 나아가십시오. 하나
님의 이름으로, 전능하신 그분의 권능으로, (해 아래서 가장 사
악한) 아메리카의 노예제도까지 없애 버리는 날까지.[*]

◇ 강고한 반대세력, 그리고 클래펌 동지들

그러나 노예무역에 이권이 걸린 기득권 세력은 의회
안팎에서 강고하고 조직적인 반격을 가합니다. 이들은 과
격하고 극단적인 '폐지' 대신 온건하고 중도적으로 보이는
'규제'를 통해 노예들의 처우 개선이 이뤄질 수 있다고 의
원들을 설득합니다. 나아가 폐지하더라도 서두르지 말고
신중하게 단계적으로 풀어 가야 한다는 기만적인 논리로
'점진적 폐지안'을 내놓습니다. 이들은 홍보 팸플릿 (노예
제도는 억압이 아니다)를 제작 배포하여 '아프리카인들은
야만적이고 게으르고 잔인하며 지능이 짐승보다 뛰어나지
않아서 구별이 어렵기에 노예로 팔리는 게 이로운 일'이라

[*]   에릭 메택시스, 《어메이징 그레이스》, 268쪽.

고 대중들을 선동합니다.

　메시지 말고 메신저를 공격하라는 전략을 취하는 듯 월버포스를 향한 비난과 인신공격, 온갖 헛소문이 잇달아 쏟아졌지요. "공적으로는 훌륭한 자선사업가인 월버포스가 사생활로는 아내에게 폭력을 행사하는 잔인한 남편이더라"는 소문이 대표적인데, 월버포스는 당시 미혼 독신남이었습니다. 단순히 '가짜 뉴스'에 그치지 않고 거리와 집에서 수차례 습격이 일어나 생명이 위협당하는 지경에 이르자, 지인들은 월버포스에게 총을 가지고 다니라고 권할 정도였습니다.

　1796년 2월, 월버포스가 다시 노예무역 폐지 법안을 의회에 제출하자 의원들은 시기가 좋지 않으니 법안 논의와 결정을 연말까지 미루거나 중단하자고 제안합니다. 이에 그는 분연히 일어나 외칩니다.

　고통당하는 이들에 관하여 말하기 적당한 때는 따로 있지 않습니다. 논의를 중단한다니요! 비참한 아프리카의 슬픔이 중단됐습니까? … 저는 이 동의안을 결코 연기하지 않을 것입니다. 정의로운 행동을 지연하여 하늘의 인내를 모독하지 말

라고 의회에 촉구합니다![*]

월버포스에게 노예무역과 노예제도는 정치적 사안이
아니라 정의냐 불의냐의 문제이자 기독교 가치에 합당한
가 위배되는가의 문제였습니다. 그랬기에 정치적 상황에
따라 입장이 바뀌지도, 당파적 이해관계에 따라 주장이 달
라지지도 않았습니다. 따라서 노예무역과 노예제에 관한
한 자신이 속한 정당의 견해나 결정에도 반대했으며, 절친
이자 정치적 동지인 윌리엄 피트와의 우정 관계가 손상되
는 일조차 감수할 정도였지요.

20대의 청년 월버포스가 1787년 노예제도 폐지 운동
을 시작한 이래 무려 20년이 지난 1807년, 그의 나이 마흔
일곱이 되어서야 비로소 노예무역 폐지안이 의회를 통과합
니다. 월버포스는 여기서 멈추지 않고 '클래펌' 동지들과 함
께 최종 목표인 노예제 폐지를 향해 다시 걸음을 내디딥니
다. 그리하여 1833년, 영국에서 노예제를 금지하는 법안이
마침내 의회를 통과합니다. 그로부터 사흘 뒤 1833년 7월
29일 월요일 새벽 3시, 월버포스는 본향으로 돌아갑니다.

_*   에릭 메택시스, 《어메이징 그레이스》, 298-299쪽.

노예무역과 노예제 폐지 운동은 윌버포스 혼자서는 감당할 수 없는 일이었습니다. 이 일은 '클래펌 서클' 혹은 '클래펌 공동체'로 불린 신앙 동지들이 있었기에 가능했지요. 런던 근교 클래펌Clapham에서 모여 살았다 하여 후일 클래펌 서클로 불리게 된 이들은, 당시 영국 상류계층이면서 진지한 신앙을 추구하는 복음주의자들이었습니다. 이 역사적 기독교 사회참여 그룹은 윌버포스의 친구이자 동지인 헨리 손턴(Henry Thornton, 1760-1815) 의원이 '함께 모여 살면서 영국의 사회적 악덕과 적폐 개혁에 뜻을 같이하자'고 제안한 데서 출발합니다. 이들은 신앙을 더 깊게 다지고 세상의 변화를 위해 함께 노력하며 서로 격려하자는 목표를 세우고, 클래펌 저택을 중심으로 가까이에 모여 살았습니다. 함께 살지는 않았지만 클래펌을 자주 드나들면서 뜻을 같이하는 이들도 있었는데, 대표적인 인물이 케임브리지 복음주의학생운동 선구자 찰스 시므온(Charles Simeon, 1759-1836)입니다.

이들 클래펌 서클은 18세기 영국의 수많은 사회문제, 곧 아동 성매매와 아동 노동, 만연한 알코올 중독, 열악한 노동 환경, 빈번한 공개 처형 및 사형당한 죄수에 대한 공개 해부, 화형, 잔인한 동물 학대 등을 개선하는 사회개혁

운동에 뛰어들었으며, 이 가운데 노예들의 인권과 자유, 해방을 최우선 과제로 삼았습니다. 당시 클래펌 서클이 산업 빈민, 가난한 장애 어린이(농아), 고아, 미성년 여성, 독신 여성, 과부 등 사회적 약자들을 돕고 보호하기 위해 세운 사회운동 단체가 무려 69개에 이를 정도였지요.

　이들의 활동 밑바탕에는 모든 인간은 하나님 형상으로 창조되었기에 평등하고 동일하게 존엄한 존재로 대우받아야 한다는 기독교 인간관이 깔려 있었습니다. 그랬기에 윌버포스는 수십 년간 영국 왕실의 지원을 받아 온 동인도회사 관계자들이 인도인들을 착취하는 일을 두고도 "노예무역에 버금가는, 영국인의 도덕적 품성을 더럽히는 최악의 오점"이라며 단호하게 비판합니다. 당시 동인도회사 관계자들은 '인종이나 성별에 대한 차별과 등급은 자연 질서이자 하나님의 뜻'으로 받아들이고 있었지요. 타자의 고통에 민감하고 예민했던 윌버포스는 동물들의 복지에도 관심을 기울여, 1824년 동물 학대 방지 협회를 세우는 일에도 앞장섭니다. 하나님이 지으신 피조물의 고통에 마음을 기울이는 그에게는 당연한 일이었습니다.

◇ 기독교 신앙이 공적 삶으로 구현될 때

노예무역 폐지 반대그룹의 일원이던 멜버른 경은 윌버포스가 영국의 노예제와 인간 평등 문제에 감히 기독교 가치를 끌어들였다고 격분하면서, "개인의 종교가 공공 생활에 침투되는 난처한 상황이 되어 버렸다"라고 힘주어 말합니다.

멜버른 경 같은 이들에게 기독교는 공공 생활과 무관한 그저 '개인의 종교'일지 모르겠습니다. 그러나 윌버포스에게 기독교 신앙은 자신이 살아가는 세계와 당대 영국 사회의 불의와 악덕에 맞서 정의를 행하고 인애를 베푸는 밑힘이었습니다. 그가 자신의 사회적 인기와 명성을 뒤로한 채 끝없이 정의로운 행동에 나선 힘은, 묵상과 기도에서 나왔습니다. 그토록 길고 지난한 투쟁과 정적들의 공격 가운데서도 그는 변함없이 홀로 산책하고 묵상하고 기도하고 책 읽는 시간을 가졌고, 이것이 거센 태풍이 몰아치는 정치판에서 그가 흔들림 없이 전진해 나간 힘이 되었습니다.

이른 아침 나는 혼자 노를 저어 호수 한가운데 있는 나무 많

은 섬에 가서 기도할 곳을 찾았다.[*]

매일 두세 시간 들로 나가서, 혼자 거닐면서 성경과 쿠퍼, 또는 시편을 읽는다네.[†]

그가 수년 동안 무릎을 꿇고 기도하고 성경을 읽는 시간을 가졌다는 사실은 참으로 인상적이다. 그렇지만 윌버포스는 한 번도 분명하게 초자연적인 방식으로 하나님으로부터 '음성을 들은' 적은 없었던 것 같다. 영적인 환상이나 꿈 같은 것도 없었다. 그의 신앙은 아주 냉철했다.[‡]

고통당하는 사회적 약자와 뭇 생명의 자유와 해방에 헌신한 특권층 출신의 윌버포스를 통해 영국 사회에 '노블레스 오블리주'와 사회적 양심이, 이웃 사랑과 청지기 리더십이 퍼져 나가기 시작했습니다. 회심 이후 날마다 성경 읽기와 묵상, 기도를 게을리하지 않았던 복음주의자 윌버포

---

[*]   에릭 메택시스, 《어메이징 그레이스》, 239쪽.
[†]   에릭 메택시스, 《어메이징 그레이스》, 355쪽. 인용문 안의 '쿠퍼'는 영국 시인 윌리엄 쿠퍼(William Cowper, 1731-1800)를 가리킨다.
[‡]   에릭 메택시스, 《어메이징 그레이스》, 389쪽.

스의 생애는 기독교 신앙이 공적이고 사회적으로 구현될 때 어떤 일이 일어나는지를 보여 주는 위대한 예시입니다.

윌버포스의 신앙과 생애를 좇다 보니 문득 오늘 한국 기독교의 현주소를 떠올리지 않을 수 없습니다. 지금 한국 사회에서 고통당하는 이들, 강도 만난 이웃은 누구입니까? 차별받거나 혐오의 대상이 되는 이들은 누구입니까? 지난날 노예무역이나 노예제처럼 악하고 불의한, 그리하여 개혁이나 폐지되어야 할 구조적 제도나 문제는 무엇입니까? 고통당하는 이들, 고통을 확대재생산하는 사회적 불의에 관심을 쏟는 것이 진정한 기독교의 표지일진대, 오늘 한국 기독교는 고통당하는 약자들과 얼마나 함께하고 있는 걸까요?

우리는 늘 하나님 뜻을 묻지만, 성경은 우리를 향하신 그분의 뜻이 무엇인지 명백히 밝혀 놓았습니다. 다만, 우리가 외면하거나 귀 기울이지 않을 따름입니다.

> 여호와께서 네게 구하시는 것은 오직 정의를 행하며 인자를 사랑하며 겸손하게 네 하나님과 함께 행하는 것이 아니냐.
>
> And what does the LORD require of you? To act justly and to love mercy and to walk humbly with your God.
>
> **(미 6:8, 개역개정/NIV)**

참고한 책들

강남순·하승우·전성원·류은숙·정지우·홍세화·김민섭·천주희, 《무엇이 우리를 인간이게 하는가》, 낮은산, 2018.

강영안, 《인간의 얼굴을 가진 지식》, 소나무, 2002.

고든 D. 피·더글라스 스튜어트, 김진선 옮김, 《책별로 성경을 어떻게 읽을 것인가》, 성서유니온선교회, 2003.

권연경, 《네가 읽는 것을 깨닫느뇨?》, SFC출판부, 2008.

김근주, 《나를 넘어서는 성경읽기》, 성서유니온선교회, 2017.

김동건, 《김동건의 신학 이야기》, 대한기독교서회, 2014.

김병년, 《묵상과 일상》, 성서유니온선교회, 2017.

_____, 《아빠는 왜 그렇게 살아?》, 비아토르, 2017.

김세윤, 《바른 신앙을 위한 질문들》, 두란노, 2015.

김영봉,《설교자의 일주일》, 복있는사람, 2017.

_____,《세상을 바꾼 한 주간》, IVP, 2015.

김형원,《정치하는 그리스도인》, SFC출판부, 2012.

김회권,《목회자 후보생들에게》, 복있는사람, 2012.

노턴 스테레트·리처드 슐츠, 이진경 옮김,《성경해석의 원리》, 성서유니
온선교회, 2015.

달라스 윌라드, 윤종석 옮김,《마음의 혁신》, 복있는사람, 2003.

대천덕,《기독교는 오늘을 위한 것》, 홍성사, 2009.

대천덕,《대천덕 신부의 하나님 나라》, CUP, 2016.

디트리히 본회퍼, 김순현 옮김,《옥중서신―저항과 복종》, 복있는사람,
2016.

_____, 정현숙 엮음,《타인을 위한 그리스도인으로 살 수 있을까?》, 좋
은씨앗, 2014.

류대영,《한 권으로 읽는 한국 기독교의 역사》, 한국기독교역사연구소,
2018.

리처드 스턴스, 홍종락 옮김,《구멍 난 복음》, 홍성사, 2010.

마이크 보몬트, 홍종락 옮김,《올 댓 바이블》, 복있는사람, 2013.

박대영,《묵상의 여정》, 성서유니온선교회, 2013.

박영돈,《일그러진 한국 교회의 얼굴》, IVP, 2013.

베르나르 베르베르, 이세욱·임호경 옮김,《베르나르 베르베르의 상상력
사전》, 열린책들, 2011.

성서유니온선교회 편집부,《광야의 소리, 윤종하》, 성서유니온선교회,
2017.

쉐인 클레어본, 배응준 옮김,《믿음은 행동이 증명한다》, 아바서원,
2013.

스캇 맥나이트, 박세혁 옮김,《원.라이프》, 성서유니온선교회, 2015.

C. S. 루이스, 햇살과나무꾼 옮김,《나니아 나라 이야기 2: 사자와 마녀와 옷장》, 시공사, 2001.

———, 이종태·장경철 옮김,《순전한 기독교》, 홍성사, 2001.

———, 김선형 옮김,《스크루테이프의 편지》, 홍성사, 2000.

———, 이종태 옮김,《시편사색》, 홍성사, 2019.

신광은,《천하무적 아르뱅주의》, 포이에마, 2014.

아베 피에르, 백선희 옮김,《피에르 신부의 고백》, 마음산책, 2002.

알리스터 맥그래스, 안종희 옮김,《삶을 위한 신학》, IVP, 2014.

애들 알버그 칼훈, 양혜원·노종문 옮김,《영성 훈련 핸드북》, IVP, 2007.

어니스트 톰프슨 시턴, 김원중 옮김,《인디언의 복음》, 두레, 2000.

에릭 메택시스, 김은홍 옮김,《어메이징 그레이스》, 국제제자훈련원, 2008.

엘리 위젤, 하진호·박옥 옮김,《샴고로드의 재판》, 포이에마, 2014.

오경준,《우리가 알고 있는 것들, 성경에는 없다》, 홍성사, 2004.

월터 브루그만, 홍병룡 옮김,《텍스트가 설교하게 하라》, 성서유니온선교회, 2012.

유진 피터슨, 박성혁 옮김,《사무엘서 강해》, 아바서원, 2013.

———, 양혜원 옮김,《사랑하는 친구에게》, IVP, 2018.

———, 양혜원 옮김,《이 책을 먹으라》, IVP, 2006.

제러미 리프킨, 이경남 옮김,《공감의 시대》, 민음사, 2012.

제인 오스틴, 윤지관·전승희 옮김,《오만과 편견》, 민음사, 2004.

제임스 패커·토마스 오덴, 정모세 옮김,《복음주의 신앙 선언》, IVP, 2014.

조나단 에드워즈, 윤기향 옮김,《데이비드 브레이너드 생애와 일기》, 크리스챤다이제스트, 1995.

존 맥아더, 황영철·전의우·김진선·송동민 옮김,《맥아더 성경 주석》, 아바서원, 2015.

존 스토트, 한화룡 옮김,《온전한 그리스도인》, IVP, 2014.

_____, 티모시 더들리 스미스 엮음, 정옥배 옮김,《진정한 기독교》, IVP, 1997.

_____, 정옥배 옮김,《현대 사회 문제와 그리스도인의 책임》, IVP, 2005.

존 스토트·그레그 샤프, 박지우 옮김,《존 스토트의 설교》, IVP, 2016.

존 월튼·빅터 매튜스·마크 샤발라스·크레이그 키너, 신재구·정옥배·이철민·이지영·전성민·박신구 옮김,《IVP 성경배경주석》, IVP, 2010.

찰스 링마, 권지영 옮김,《본회퍼 묵상집》, 죠이선교회, 2014.

채영삼,《신적 성품과 거짓 가르침》, 이레서원, 2017.

칼 헨리, 박세혁 옮김,《복음주의자의 불편한 양심》, IVP, 2009.

켄 가이어, 윤종석 옮김,《묵상하는 삶》, 두란노서원, 2007.

톰 라이트, 양혜원 옮김,《모든 사람을 위한 마태복음 2》, IVP, 2010.

_____, 안종희 옮김,《시대가 묻고 성경이 답하다》, IVP, 2016.

팀 켈러, 윤종석 옮김,《팀 켈러의 내가 만든 신》, 두란노, 2017.

파커 J. 파머, 김찬호 옮김,《비통한 자들을 위한 정치》, 글항아리, 2012.

플래너리 오코너, 양혜원 옮김,《플래너리 오코너의 기도 일기》, IVP, 2019.

필립 얀시, 최종훈·홍종락 옮김,《그들이 나를 살렸네》, 포이에마, 2013.

헨리 나우웬, 최종훈 옮김,《제네시 일기》, 포이에마, 2010.

_____, 성찬성 옮김,《헨리 나웬의 마지막 일기》, 바오로딸, 2020.

헬렌 세페로, 김성녀 옮김,《내 영혼을 위한 일기 쓰기》, IVP, 2009.

Martin Treu, *Martin Luther in Wittenberg*, Wittenberg: Luther Memorial Foundation, 2003.

참고한 책들

나를 넘어서는 성경 묵상

옥명호 지음

초판 1쇄 발행 2022년 3월 25일

펴낸이 김도완   **펴낸곳** 비아토르

등록번호 제2021-000048호   **주소** 서울시 종로구 삼일대로 428, 500-26호

    (2017년 2월 1일)   (우편번호 03140)

전화 02-929-1732   **팩스** 02-928-4229

전자우편 viator@homoviator.co.kr

편집 이현주   **디자인** 즐거운생활

제작 제이오   **인쇄** (주)민언프린텍   **제본** 국일문화사

ISBN 979-11-91851-26-7 03230   **저작권자** ⓒ옥명호, 2022